THINK AGAIN
WHY GOOD LEADERS MAKE BAD DECISIONS AND HOW TO KEEP IT FROM HAPPENING TO YOU

避开错误决策的4个陷阱

[美]悉尼·芬克斯坦（Sydney Finkelstein）
[英]乔·怀特海（Jo Whitehead） 著
[英]安德鲁·坎贝尔（Andrew Campbell）

景婧 郑赛芬 译

江西人民出版社
Jiangxi People's Publishing House
全国百佳出版社

引　言

做决策是我们个人生活和职业生活的核心。每一天，我们都在做决策，有一些决策微不足道、无伤大雅，有一些则非常重要——影响人们的生活、生计和幸福。做决策时我们难免犯错，因为我们不过是普通人。事实上，即使是极富责任感的智者，利用最好的信息，怀揣最好的意图，有时也会做出错误的决策。

优秀的领导者会做出错误的决策，伟大的领导者亦如此。

胡佛总统在1929年的大萧条后未能重振美国经济；肯尼迪总统因"猪湾事件"而声名狼藉；英国首相玛格丽特·撒切尔因拥护"人头税"而被自己所属的党派驱逐；美国国防部副部长保罗·沃尔福威茨因同样在该银行工作的女友的工资协议问题被要求辞去世界银行行长之职。

不仅是政治家和公务人员会做出严重错误的决策，商业领袖也容易做出错误判断。戴姆勒－奔驰CEO朱尔金·施伦普不顾公司内部的反对意见坚持将克莱斯勒和戴姆勒－奔驰合并，大约十年后，戴姆勒－奔驰被迫在一项私人股本交易中完全放弃克莱斯勒；三星CEO李健熙促使公司投资汽车产业，带来了灾难性的后果，损失日渐严重，他被迫以数十亿投资金额的1/10廉价出售其汽车业务；王安电脑有限公司创始人王安，明知道 IBM 个人电脑系统将成为行业标准，依然坚持让公司的个人电脑使用专用操作系统。现今，该公司已成历史。

不管是关乎私人的决策，如沃尔福威茨的案例，还是关乎全球利益的决策，如 20 世纪 20 年代末美国政府应对金融危机的案例，都会出错。为什么优秀的领导者会做出错误的决策？我们如何才能降低犯错的风险？

决策核心

为了找到答案，我们研究了世界上各式各样机构的决策核心。本书的三位作者，从自己不同的专业视角，解答了这一问题。作为世界上公司战略领域的领军研究者，安德鲁知晓世界一些最大公司的一些最重要决策。而悉尼的研究——他在其畅销书《成功之母》中已有所涉及——在于检验失败背后错综复杂的原因。乔在攻读博士学位期间潜心于决策研究，他还在波士顿咨询公司工作了几年，因此他既有学术热情，又有实践经验，这一点使得他与众不同。我们都对错误决策的原因和减轻风险的措施很感兴趣，正是这一点将我们的工作联系起来，将我们聚集在一起。

我们是独特的组合，背景不同，视角不同，研究对象却相同。我们的工作从建立错误决策数据库开始。有一点需要讲清楚：我们关注的并不是那些结果被证明是错误的决策，而是那些在提出时就是错误的决策。这一点尤为重要，在辨别错误决策时我们不做事后诸葛亮，而是寻找那些当时任何冷静的分析都能得出其是错误的结论的决策。

当然，坏运气和预计风险都会导致糟糕的结果，尤其在商业和政治领域，由于不可避免的风险，深思熟虑后的理智决策也可能带来糟糕的结果。而有时候，只是时运不济。

大家可以想象，区分错误的决策和由于预计风险而失败的决策是不容易的，我们对这两种决策都进行了评估，就当时可获得的信息来看，我们是否认为一个具备相当能力的人会做出同样的决策。

我们还搜集了决策流程中的不同意见，存在分歧并不能证明某个决策是错误的，许多决策都有反对意见。但是，如果当时并没有反对意见，我们会将该决策从我们迅速扩大的数据库中排除出去。

很快，我们发现错误决策的数量多得惊人！在倍感陌生的情况下，如公司进入新市场或是政治家面对新挑战时，错误决策会接踵而至，而这类决策中有83%并不难辨认（附录Ⅰ列举了我们研究过的所有决策）。

我们并未宣称自己拥有独特的发现错误决策的能力，我们检验过的一些决策确实有可能被其他人认为是明智的、只不过是结果不好的决策。幸运的是，我们的论证并不取决于这些决策是否被准确区分。为什么决策错误如此普遍，我们的分析源自神经科学家以及决策科学家的研究成果，他们的研究聚焦于在面对一系列需要做出决策的情况下大脑是如何运作的。

群体错误

在探究为什么有能力的人也会判断错误的过程中，我们发现了什么？答案比预想的更加简单，也更具说服力。

导致决策错误的因素有两个：一个人或是一群人判断失误，而决策流程未能纠正错误。这两个因素同时出现，才会导致决策错误。这是一当然，排除所有的风险是不可能的，就算配备了我们的防御策略框架，领导者仍然会犯错——但是提高成功的概率是可能的。更多观点和建议可参考我们的网站www.thinkagain-book.com，我们希望本书可以帮助决策者将大家意识到而没有机会提出的问题进行讨论。如果说我们有一个期望，那就是希望本书能够使关于红旗警示情况的更多讨论正当化，能够鼓励人们不管身处何地都能自如地提出决策流程设计方面的问题。简单的问题如"此情况是否有红旗警示？""做出这一决策的流程是否完善？"应该和"我们想要做出什么决策？"或"这一决策是谁做的？"之类的问题同样普遍。

本书不能保证你永远不会做出错误决策——什么书能够保证呢？——但是它可以让你更好地明白为什么会出现决策错误，并且保护你和你的同事免受你将做出的错误决策之苦。

目 录

引 言　1

第一部分　大脑是如何做决策的

01　风暴中心　003

02　模式识别　015

03　情感标记　031

04　一次一计划　055

第二部分　决策错误的原因

05　误导性经验　075

06　误导性预判　089

07　不适当的个人利益　107

08　不适当的情感依附　131

第三部分　红旗警示及防御策略

09　利用防御策略降低风险　161

10　选择防御策略　185

11　领导者作出正确决策　205

8　　避开错误决策的4个陷阱

附录Ⅰ　211
附录Ⅱ　221
致　　谢　233
出版后记　235

Think Again

第一部分
大脑是如何做决策的

01　风暴中心

2005年8月，随着"卡特里娜"飓风愈来愈强，美国联邦应急管理局（FEMA）开始采取措施，于8月27日发布报告称："新奥尔良因地势低于海平面，是防御的重中之重，如果飓风从某个特定方向袭来，预计将给城市带来极其严重的后果。"报告被派发给国土安全部（DHS）高级官员，马修·布罗德里克就是其中一位。

作为国土安全部华盛顿行动中心（该行动中心从全国的公共服务机构搜集信息）的主管，马修·布罗德里克负责国内重大事件情报交换，处理恐怖活动、边界冲突以及自然灾害等问题。在联邦应急管理局发布警报之前，关于"卡特里娜"飓风有可能袭击新奥尔良的担忧就与日俱增，国土安全部在2003年曾列出国家面临的15大潜在灾难，包括自然的和非自然的肇因，而飓风袭击新奥尔良就是其中之一（排第一的是在华盛顿引爆约一万吨当量的核武器）。

马修·布罗德里克坐立不安，随后参加参议院委员会的听证会（听证会负责向国土安全部部长迈克尔·切尔托夫以及总统小布什汇报新奥尔良的最新情况），布罗德里克对所问问题做了以下回答："这是我的责任，如果他们没有收到洪灾警报，过错在我。"提醒切尔托夫部长"启动"跨部门事件管理组（IIMG）也是布罗德里克的责任，该管理组是一类应急机制，协助联邦积极应对即将到来的灾难。

"卡特里娜"飓风于8月29日上午袭击了美国南部海岸路易斯安那州的比勒斯（位于新奥尔良以南55英里）。尽管还未出现人们害怕的世界末日般的5级飓风，但是"卡特里娜"已经超过平均强度，为3级飓风，风速达到每小时125英里。当"卡特里娜"的威力完全爆发，当地降雨量为6~12英寸，庞恰特雷恩湖湖面掀起12英尺高的风暴浪，滨湖地区毁于一旦，游艇和建筑被砸得支离破碎。城市东部的圣伯纳德教区和南部的普拉克明县教区已被淹没，城市电网瘫痪，交通网络被毁，街道被淹，桥梁倒塌，火势不受控制。就连新奥尔良著名的体育馆超级巨蛋（25000受灾人员的最后避难所）也由于风暴的袭击而断电。人们最为担心出现的"新奥尔良"灾难逐渐拉开帷幕。然而，当晚的马修·布罗德里克回了家，依然相信新奥尔良的灾难报告不过是夸大其词。

那么，如此明显的判断错误到底是如何发生的？为什么布罗德里克拖延了这么久？要明白马修·布罗德里克的不作为，我们需要理解事件是如何进展的，是什么因素影响了布罗德里克的想法——包括他本人的背景以及之前的经验，这些都会影响其大脑对所接收信息的处理方式。

数据点

布罗德里克于2003年成立行动中心，中心有300名成员，分别来自45个联邦级、州级以及地方机构；预算高达4000万美元。有着30年运营海军陆战队行动中心经验的布罗德里克堪当此重任，曾经的西贡和金边撤离任务就是由他负责的。

29日上午8:30，离"卡特里娜"飓风袭击海岸已过去两个半个小时，第一批关于严重洪涝和对防洪堤可能造成的损害报告送达行动中心。布罗德里克的经验告诉他初始报告往往有夸大之嫌，不够准确。因此，当天余下的时间他都忙着寻找可靠消息以确认情况。

到下午5:00，行动中心至少接到了9份防洪堤决堤和严重洪涝的报告，但是中心也得到了相反的消息，美国陆军工兵团坚称没有出现决堤，负责地面情况的联邦应急管理局声称一切都在掌控之中。下午6:00，布罗德里克必须向切尔托夫部长和白宫汇报情况，他事后回忆，当时有两条信息影响了他的汇报：美国陆军工兵团的报告以及CNN的报道。

美国陆军工兵团坚称，没有任何设施被毁，也没有决堤，只不过洪水进入了城市。但是，每一次飓风过后都会泛洪——之前的戴德郡、佛罗里达群岛无一例外。因此，只要堤坝没有决口，我们认为仍然安全。我真正拥有的唯一信息是我个人在电视上看到的欢庆场面，新奥尔良的人们在街上喝着啤酒聚会，因为——他们说——他们自己想出来的，"我们避开了子弹。"他们在新奥尔良庆祝。周一晚上，我看着他们因"避开了子弹"而聚集于法语区欢庆，不管我得到什么信息，这都是一个好迹象，一切看起来还比较平静。飓风过后总会泛洪，佛罗里达州一直是这样，也总是断电，但是令人担心的决堤、有人被淹死或是被吹走的灾难看起来不会发生，真是让人松了一口气。

下午6:00的7号情况报告称："初步报告显示新奥尔良未出现决堤情况；但情况仍需进一步核实。"之后，布罗德里克准备回家，对"避开了子弹"表示满意。

布罗德里克还在睡梦中，消息不断涌入行动中心，其中一些最详细的信息来自联邦应急管理局公关部的一名官员，他周一下午一直在一架海岸防卫直升机上观察城市情况。他报告称有一处防洪堤出现一道0.25英里的缺口，整个城市2/3都被洪水淹没。联邦应急管理局局长参加CNN周一晚上的"拉里·金现场"节目时称新奥尔良的情况是"一次惨重的灾难"。有了这些信息，布罗德里克行动中心的值班人员在周二早上6:00公布了8号情况报告，宣称有数处堤坝决口，新奥尔良市中心大部分地区被淹没。

周二早上回到办公室的布罗德里克看到了8号报告，不愿意相信报告中的内容，上午8:13，他给白宫和国土安全部几位高级官员发了邮件，告知他们8号报告可能存在夸大嫌疑，是否决堤仍在"核实中"，并且"尚未出现严重损坏，但是可能需要空中支援以救出被困人员"。

事后，布罗德里克解释道："周二是我们真正鼓足干劲的时候，是大坝决堤了，还是洪水越堤了？程度如何？什么被淹了？我的意思是，据我们所知，也可能只是淹了块沼泽地。"他在当天接近中午的时候终于得到了一直寻找的真相。新奥尔良区陆军工兵团指挥官理查德·瓦赫纳尔上校周一就曾尝试检查堤坝情况，但是当时已经无法在城里开车。周二早上，他找了一架直升机首次勘察防洪堤系统，上校发现：工业运河大坝出现四处决堤，第17街运河出现一处严重决堤。

随后，布罗德里克向切尔托夫发出警告称确实有决堤情况，并且建议其启动跨部门事件管理组（IIMG）。两小时后，白宫收到关于决堤的确切消息，而此时离"卡特里娜"飓风登陆路易斯安那已经过去了30个小时，跨部门事件管理组开始行动，国土安全部决定将"卡特里娜"定义为超出正常范围的严重灾难。

周一晚上,马修·布罗德里克回家,坚信新奥尔良避开了"子弹"。而且,第二天早上对 8 号报告不予理会。他周一和周二早上的决定将联邦的行动整整拖延了 24 小时,因此给新奥尔良的人们带来了更严重的痛苦,加深了人们对国土安全部和联邦政府的无能的看法,最终让整个美国颜面尽失。

"卡特里娜"飓风造成了灾难性的破坏,几十万人失去家园——许多人无家可归,至少 1800 人死亡,总体损失预计高达 860 亿美元。在布罗德里克搜集信息直至做出错误决策期间,大量时间被白白浪费了。

大脑的运作

马修·布罗德里克并不是第一位非常能干却出现判断错误的领导者,他也不会是最后一位。有一点需要说清楚:他非常有能力胜任自己的工作,经验丰富、手头有足够的信息,其道德和能力都毋庸置疑,但是他犯错了——错得离谱。整个周一,噩梦在新奥尔良逐渐拉开帷幕,为什么布罗德里克不能早点行动?

判断错误——无论大小——始于人类的大脑,因此我们需要明白大脑是如何运作的。当然,市面上关于人们应该如何做决策的书和文章数不胜数,其中大多数建议套路如下:

- 列出问题
- 明确目标

- 生成方案
- 根据目标以及其他相关标准评估每一个方案
- 选择可带来最好结果的方案
- 监控过程并在必要的时候改变方案

但是我们对建议人们该如何决策的书不感兴趣，对决策者关于自己是如何做判断所说的话也不感兴趣。我们想知道人们做决策时大脑内部发生了什么，想知道马修·布罗德里克犯错时他的大脑内部发生了什么。

我们发现大脑有两个功能帮助我们处理当前的复杂情况：模式识别以及情感标记，这两个功能大多数时候能够帮助我们做出好决策，这也是为什么人类的进化会选择这两大功能的原因。但是在某些情况下，它们会误导我们。

模式识别帮助我们对所接收的信息进行评估，这和快速浏览图画书以找到某人不一样，我们不是简单地搜寻记忆以找到正好匹配的图像，情况比这要复杂得多。就连视觉识别这样简单的任务就涉及大脑的30个不同部位，每个部位关注一种不同的信息并从过去的信息记忆中寻找匹配项。之后大脑的整合功能会接收已经发现的匹配项信号，并对缺失的信息做出估计，然后得出结论。我们会在第2章进一步探讨模式识别。

大多数时候，模式识别功能表现非常优秀，但是也会发生严重意外。假如我们面对的是不熟悉的信息输入——尤其是那些表面上看起来似曾相识的信息——我们会以为自己辨认出了什么，而事实并非如此。我们把这叫作误导性经验。我们的大脑可能储藏了过去经验的记忆，而那些记忆又与我们接收到的信息相关联，不幸的是，过去的经验很可能和当前的情况不一样，对我们造成误导。

另外一种意外是，我们的思维在我们接收信息之前就早有判断或是决定先入为主，而之前的判断和决定与当前的情况可以联系起来。如果这些判断不适用于当前情况，它们就会破坏我们既有的识别功能，误判接收到的信息，我们将其称作误导性预判。

换句话说，我们既有的识别功能会犯错，我们也会因为误判了马路弯道弯度或是前方车辆速度从而受到不小的惊吓。每当我们试图判断金融危机的严重性、收购目标的价值以及即将来临的飓风威胁，模式识别功能也会令我们失望。

帮助我们处理复杂问题的第二个功能是情感标记，情感对决策有着至关重要的作用。一向以分析能力和理性能力自傲的你可能对这一点感到意外，但是决策科学家和神经科学家给出的证据非常清晰：如果没有情感投入，我们的思维将无法集中。

大脑会给我们的想法和记忆打上情感标记，因此情感也是决策的一部分。这些标记被模式识别匹配项触发后会告诉我们应该对其表示关注还是忽略，并且给我们指明行动方向。例如，我们的大脑会对外面街道上的噪音进行处理，由于不存在明显的情感标记，大脑会选择将其忽略。但是如果传来的是一个孩子害怕的叫声，大脑会让我们迅速警觉起来，在我们还没意识到该做什么时，大脑就已经给出行动计划——走到窗户边，看看发生了什么。这一切是因为类似的声音总是和强烈情感标记联系在一起，比如恐惧和爱。我们将在第 3 章全面地分析情感标记。

情感标记让我们迅速行动，指引我们警惕关键信息，并瞬间选择某个行动计划。然而，在有些情况下，我们的情感标记会妨碍我们做出正确决策，尤其当我们的情感标记不适于我们做出的决策时，我们的思维会变得扭曲。例如，当我们需要做出是否裁员以降低成本的决策时，尽管我们试图客观和公平，但是我们对现有员工的情感会让我们更愿意维持现状。情感标记让我们选择维持现状——不要裁员，尽管我们可能没有完全意识到这样选择的原因。

情感标记会以四种方式干扰我们。前两种是误导性经验和误导性预判：这些经验和预判附带的情感会让我们认为它们更加重要，而事实上并非如此，结果常常给我们带来不当的行动引导。想想恐高或是畏惧狗狗心理的影响，理智可能会告诉我们根本没有危险，但是我们就是不能控制自己的想法和行动。情感标记破坏我们思维的第三种和第四种方式是不适当的情感依附（比如，当我们决定是否裁员时可能对员工存在的依附），以及为大家所熟知的不适当的个人利益，媒体关注政治家个人利益以及管理者在调整激励措施时都会注意这一点。

因此通过对大脑的探索我们已经辨别出四个陷阱，即四种情况，这四种情况会干扰我们的思维并让我们误以为自己观点正确，然而事实并非如此。我们将这四种情况称作红旗警示情况——此处"红旗"的意思正如插在沙滩上警示游泳者天气状况危险的红旗一样。误导性经验、误导性预判、不适当的个人利益以及不适当的情感依附是导致错误思维的四种根源，而错误思维会导致错误决策。

无意识决策

当模式识别或者是情感标记误导我们时，我们的思维会产生错误，但是如果决策时我们能够细心检查、谨慎权衡、多方求证，这些错误并不成问题。不幸的是，我们往往做不到。我们大多数思维过程是无意识的，很难对其进行审核，我们将在第一部分进一步探讨无意识思维。除了思维过程的高度无意识，我们做决策时的检查和反馈回路亦非常有限。我们将其称作"一次一计划"过程：大多数时候，我们审时度势；考虑行动计划；然后想象如何执行计划；只有当我们发现得出的第一个计划有问题时才会考虑另外一个计划。

如果因为错误的模式识别或是不恰当的情感标记而误判了当前情况，那么"一次一计划"给我们的纠错机会非常有限。例如，当我们听到孩子惊叫时，一口气冲到楼下的街当中可能比走到窗户边察看情况更加可取，我们通常不会在行动前衡量这两个行动方案，因为第一个行动计划也就是走到窗户边看看发生了什么似乎合情合理。模式识别和情感标记一旦给出行动建议，只要根据经验，行动所带来的结果似乎合理，我们基本上会照做。第4章将讲述"一次一计划"过程。

对大脑中发生了什么的解释似乎相当简单——甚至原始——而且被企业和政府高效的决策排除在外。我们还未论及其他人的影响、那些要求对情况进行深入分析的决策流程、解决方案的选择以及涉及以上这些情况的决策，我们将在第三部分讨论这些内容。记住，第一部分我们要弄清楚的是当一个人需要做决策时大脑里面发生了什么。在探索大脑内部机制的过程中，有一个信息非常重要，那就是我们的思维模式在某些特定情况下容易犯错，而且一旦犯错改正的可能性非常小。

大脑和马修·布罗德里克

让我们考虑一下马修·布罗德里克的想法,在决定命运的周一,他的脑子里到底在想什么?

布罗德里克的思维过程始于他收到"卡特里娜"飓风的消息,他会将"卡特里娜"看作对新奥尔良的威胁,但是他的模式识别功能将"卡特里娜"看作是常见威胁。他之前应对过许多次飓风,因此,他的情感标记功能并未觉得有采取特殊行动的必要。他没有要求提供更多关于新奥尔良的信息,也没有去了解风险的真相,甚至没有预警机制以应对自己后来不得不做出的艰难判断。要了解他的作为——确切说是他的不作为——了解他之前的经历很重要,他曾经历过多次警报飓风,但没有一次需要行动中心发布警告启动联邦救援机制,发布警告至少要等飓风造成的损害被核实准确,结果证明这些都是误导性经验。

29日,周一,布罗德里克开始收到新奥尔良发生洪涝的消息,之前的危机处理工作让他学会不要对初始报告反应过激,他学会了给该消息打上中性的情感标记,他还学会寻找某些特定类型的消息,即布罗德里克之后所说的"决定性证据"。这是他做出的预判,而且被证明是具有误导性的预判。然而新奥尔良情况特殊,大部分土地都在海平面以下,浪费时间去等决定性证据只会延误时机,造成悲剧。

满足于"一次一计划"的布罗德里克好像除了"等待决定性证据"以外并没有考虑其他方案。在他后来的证词中,他丝毫没有声明自己正式地考虑过其他方案,没有"等我接到三份决堤报告就如何"之类的话,他也没有比较自己的计划和其他方案可能存在的利弊。在证词中,他辩解称自己的计划就是只有当他得到决定性证据时才会通知其他人。

周一，随着时间的推移，布罗德里克并没有得到确切消息，他非常沮丧。显然，他的情感标记告诉他必须得到确切消息，但是他无法得到自己想要的。此外，到底什么才是"决定性证据"，他自己都没有明确的标准。如果是美女，他一看便知。他只能依赖无意识的模式识别功能，帮助自己分辨决定性证据和其他报告。

到下午6:00，他认为自己得到了所要的消息：来自联邦紧急事务管理局的"一切都在掌控之中"的报告，以及来自陆军工兵团的没有发现决堤的报告，还有CNN关于当地人欢庆"避开了子弹"在波旁街聚会的报道。为什么布罗德里克宁愿相信这几条信息而不相信另外多达17个关于决堤和严重洪涝的报告呢？

原因就是这几条信息的来源和类型符合布罗德里克关于决定性证据的经验：大脑的无意识模式识别告诉他这些报告比其他的报告更加重要，一个消息来自军方，作为一位海军军官，他可能更加相信来自军方的消息。另外一个消息则更加个人化也更加形象：CNN报道，个人经验比其他类型数据的情感标记更强。还有一个消息来自联邦应急管理局的"实地指挥官"，曾供职于海军陆战队的布罗德里克应该已经学会如果没有真凭实据不去怀疑实地士兵。

布罗德里克觉得自己终于得到了需要的消息，因此在7号情况报告中，他声称没有决堤发生，接着他便回家了。

在这一关键时刻，布罗德里克似乎还是遵循了"一次一计划"的思维方式，我们没有发现证据表明他认真地考虑过报告以外的其他可能性，也没有在行动中心召开会议讨论当天收到的消息。大脑的分析和情感功能告诉他已经得到了确切消息，而这个消息他找了一整天。

　　布罗德里克的行为是很好的例子，表明我们的思维受到模式识别和情感标记的影响，也表明我们很难质疑我们的想法以发现和纠正错误。即使到了周二早上，更多证据明显表明有严重决堤情况，而且布罗德里克有 12 个小时来反思，但是他仍然坚持自己先前的情况评估：这次飓风强度大，带来严重洪涝，但是还算不上灾难。直到接到陆军工兵团的直接报告他才改变了看法。

　　当然，在做决定时，布罗德里克时间有限，而且也没有机会去核实所接收到的信息。最重要的决策需要更多的考虑时间和更多得到决定性证据的机会。然而，我们的思维过程仍然会犯错，更多考虑和核实的时间并不能剔除思维错误的根源。在下一章中，我们将探讨大脑的模式识别过程，案例的主人公为一位法国天文学家，其模式识别错误持续了整整 16 年。

02　模式识别

1994年,桂格还是一家在不断壮大的食品公司。从1981年开始,公司在CEO威廉·D.史密斯伯格的带领下运营得法,但是他很快就犯下了生平最大的错误:收购思乐宝——一家主要经营冰冻茶和果汁饮料的制造商。这次收购带来的后果是灾难性的,直接导致史密斯伯格本人和桂格公司的垮台。仅仅过了三年,桂格便将思乐宝转卖给了三弧公司,转让价格比其收购价格少了14亿美元。不久,史密斯伯格退休,桂格也于2000年被百事公司收购。

这一决策的根源可追溯到史密斯伯格的先前经验,1983年他成功收购了一家体育饮料公司——佳得乐。史密斯伯格提出的所有方案中,这次收购被证实是最成功的。正如他告诉我们的,"事实上,我们是从零开始打造佳得乐。"佳得乐的成功改变了桂格的运作模式。

收购思乐宝背后的逻辑是,买下一家像佳得乐一样的饮料公司,再创辉煌。思乐宝和佳得乐一样,在其自身市场上已经很成功,只不过研发能力略显不足。正如在收购时担任桂格饮料部门总经理的唐·尤滋所说:"佳得乐拥有优秀的销售和营销团队,我相信我们知道如何打造品牌、拓展业务。我们的期望就是收购思乐宝并将其打造成第二个佳得乐。"

桂格管理层认为思乐宝和 10 年前的佳得乐一样，是一个高潜力值品牌，并且相信将佳得乐打造成大品牌的营销经验同样适用于思乐宝。正如史密斯伯格解释的，"收购思乐宝基于两个设想：第一，遏制该品牌市场份额的下滑；第二，和佳得乐协力增效。不幸的是，这两个设想都没有实现。"

现实证明运营佳得乐的经验非常具有误导性。表面上看，思乐宝和佳得乐很相似，在业务扩张、品牌改善和品牌延伸方面有着相似的潜能，但是两者存在明显差别，佳得乐是一个蒸蒸日上的领先者，而思乐宝却是一个陷入困境的领先者，所占据市场已经出现竞争者，并且不断夺走其份额。思乐宝的发展在收购之前就已经趋缓，而不是日渐加速。此外，差别还表现在：佳得乐的管理团队在收购之后依然留在公司，而思乐宝的管理团队只留下屈指可数的两三人；佳得乐的运营系统完善，而思乐宝的库存和生产已经不受控制，1995 年其业务量下降了 7500 万美元，销售额下降了 5%，降到 6.4 亿美元。

佳得乐和思乐宝还存在深层次的差别，思乐宝是一种"形象"饮料，而佳得乐是一种"运动型饮料"。思乐宝的成功归根到底是另类营销，引起人们的狂热推崇，而佳得乐激进的划分和推销方式更加传统；思乐宝依赖于企业批发商，而佳得乐使用的是仓库系统。正如三弧公司 CEO 迈克尔·温斯坦告诉我们的，"桂格相信佳得乐模式同样适用于思乐宝，但是这只会破坏系统，史密斯伯格永远弄不明白。"当桂格努力将思乐宝"佳得乐化"时，原本符合思乐宝自身销售理念的部分知识被抛弃了，这些知识涉及顾客、分销渠道以及产品推销。

然而史密斯伯格是食品和饮料行业的老手，尤滋更是曾看着思乐宝被打造成为果汁饮料品牌的饮料专家,为什么他们会错得如此离谱?为什么他们没有发现思乐宝是一个不同的、更加另类、更加企业化的组织?为什么他们不能拒绝收购方案,至少在解决思乐宝运营问题之前将其业务保持独立?

模式空缺

要解释此类判断错误,我们必须更多地了解模式识别功能。我们需要了解关于模式识别的三方面内容:首先,模式识别极其复杂,涉及大脑的多个部位。第二,我们的大脑会粗略估计并根据经验填补空缺,让我们可以处理不够全面的信息。我们需要直面一个事实:如果我们等到拥有全部信息,决策往往太晚了——可能会造成致命性的后果。这也是为什么模式识别是决策者的好伙伴,它可以让我们在未拥有全部信息的情况下做出准确判断(大多数时候如此)。第三,大脑在模式识别时,大多数工作是无意识的。我们对某物识别或是不识别,对此我们不知道大脑是如何得出结论的,也不知道是大脑的哪些部位在运作,更不知道大脑做出的粗略估计是什么。

这三个特征——大脑多个不同部位共同解读,填补空缺以实现理解以及这一过程主要为无意识的事实——大多数时候都能有效运作,但并不是万无一失,我们也会犯错。

误读信息会导致一个问题,因为我们是匹配过去的经验进行信息识别,我们很容易误读自己不熟悉的情况,因此,史密斯伯格可能误读了思乐宝的领先地位,认为其和佳得乐一样是可以打造的强势品牌。而结果出乎意料，思乐宝属于后者，其市场份额逐渐缩减。

第二个问题是我们在填补空缺的时候会犯错。尤滋不知道思乐宝的所有文化，而这些是他需要知道的。他的大脑很可能"假定"思乐宝的文化和佳得乐的相似，或者认为二者的区别对于商业成功无足轻重。

如果史密斯伯格和尤滋能够意识到自己的评判可能存在错误，以上两个问题就不会如此严重。随着新信息的到来，很容易对之前所作的评判进行检查并且对整体判断做出相应调整，不幸的是，大脑大多数处理过程是无意识的，我们通常不会意识到识别或是空缺填补过程对我们所做判断的影响。对我们来说，审视自己的思维并做出调整是很困难的。史密斯伯格和尤滋得出了一个观点，他们大脑的理性思考区域又为其观点给出了理由。但是形成观点的过程要比暗含的理性推理更加复杂，也更容易犯错。当信息到来时，大脑会倾向于评估理性推理而不会审查模式识别的路径。

模式识别获得的信息越全面，需要填补的空缺越小，避开错误的可能性就越大。如果我们是经验十足的专家，模式识别可以毫不费力地做出正确的解读和判断，就像我们面对以100公里／小时飞旋而来的网球，仍然可以将其回击至22米以外的某一处，偏离范围不超过一个水桶所占面积。但是如果在没有事先提醒的情况下改变网球的构造或者是网球场的海拔（海拔越高网球飞得越快、弹得越高），我们会傻乎乎地挥起球拍击球，不是太高了，就是太低了。史密斯伯格和尤滋所犯的傻不过是未能成功识别不同情况而已。

陷入困境

神经科学家利用功能性磁共振成像（fMRI）扫描仪成功地捕捉到当我们考虑情况或是做决策时大脑理解所发生事情的脑电波。

结果发现模式识别对大脑来说是巨大的挑战。就算是以眼视物这一相对简单的任务，大脑的多个部位都会同时活跃起来。而当识别和解读进行时脑电波不是单路径流向中央合成点，而是不同部位的脑电波一起交互作用，为完成这一复杂的任务，我们已经进化出强大的脑处理过程。

维莱亚努尔·苏布拉马尼安·拉玛钱德朗是世界上研究幻肢的权威专家，他是大脑与认知中心主任以及加利福尼亚拉霍亚萨克生物研究所教授，他研究失去四肢或者是四肢功能障碍的病人，为他们重复经历的幻肢体验寻找解释。一些病人在截肢之后依然感觉到肢体的存在，还有一些病人在肢体瘫痪后拒绝承认其存在，或者相信自己仍然在使用该肢体。

为了理解幻肢现象是如何产生的，拉玛钱德朗深入研究大脑的运作，在其《寻找脑中幻影》一书中，他描述了视觉挑战的本质。要将所见之物转变成电子化学信号，我们必须吸收关于环境的大量碎片化信息，要做到这一点，大脑约30个不同部位同时运作才能对我们的所见创造出"最佳猜测"——每一个部位关注我们所见的不同方面，比如颜色、边缘以及运动等。然后我们会将每一个方面的特征和记忆进行比较，因为我们见到的任何事物和过去的记忆总会有些不同，我们必须对不同模式进行复杂的比较。

拉玛钱德朗总结道："这意味着大脑初级视觉皮层不仅仅是一个分类室，接收来自视网膜的信息，更是一个作战室，不断接收来自侦察兵的情报。大脑持续上演各种各样的场景，接着信息被重新发送到侦察兵工作的高级区域，大脑所谓的早期视觉区域和高级视觉中心会产生动态的交互作用，直到模拟我们所见事物的仿真现实出现为止。"

换句话说，决策的第一步——模式识别（视觉是相对研究得比较深入的例子）——依赖于大脑多个部位同时启动匹配功能以解读所接收信息，既具有复杂性，又具有挑战性。拉玛钱德朗关于模式识别的描述适用于思乐宝的案例，当史密斯伯格考虑思乐宝公司是否值得收购时，他的大脑启动了一个微型作战室，从各方面接收数据并试着将数据整合成一个连贯的画面。拉玛钱德朗提及："你用仅有的信息碎片创造了自己的"现实"，你之"所见"是对世界可信的——但不总是准确的——再现。"

败北的现实

图2-1可说明我们创造"自己的现实"的能力。图中，一个方块为A，另一个方块为B，二者中哪一个的颜色更深？

如果你的判断力和我们的一样，那么你会认为方块A颜色更深。然而我们都错了，两个方块的颜色是一样的。你可能会觉得这难以置信，因为你的模式识别功能告诉你方块B的颜色更浅。而且，你还会给这一判断打上积极的情感标记——当然是方块B的颜色更浅！

在现实中，方块A和方块B颜色一样。如果你想证明这一点，可以将这张图打印出来，将两个方块剪下并排放在一起，或者将纸张折叠起来，让两个方块挨在一起。

那么情况如何？为什么模式识别让我们失望了？那是因为我们的模

图 2-1 哪个方块颜色更深——A 还是 B？

式识别过程不是要辨认出准确的匹配项,而是使用相似度和已有知识进行解读。我们认出了黑白相间的棋盘,注意到方块 B 比周围的方块颜色更浅,因而我们得出方块 B 是白色方块的结论。那么既然方块 B 是白色的,而方块 A 是黑色的,B 肯定比 A 颜色浅,因此我们认为方块 B 比方块 A 颜色浅。用科学术语来说就是我们创造了自己的现实。

创造我们自己的现实的过程需要对我们储存(以及分层)的记忆进行永久性的改变,因而我们不可能认为两个方块的颜色是一致的。研究者发现人们一旦识别了某个模式,就算几个月或者几年之后将图片拿给他们看,他们依然能瞬间识别同样的模式。大脑 1000 亿组神经元之间的部分联系似乎会产生长期的变化,同样的模式可以很容易地被再次识别。经验会印在我们的神经元上,影响我们日后对情况的解读,因此我们既受到先前所见的其他方格的印记的影响,又受到看见图片最初印记的影响。这两种印记结合后我们无法得出图中两个方块颜色一致的结论。

　　这一研究适用于思乐宝案例，史密斯伯格的大脑很有可能被"印上"识别佳得乐类似情况的能力：市场快速增长中的领头羊，具备进一步发展的潜力。史密斯伯格的部分神经元可能发生了永久的变化，这样他就能更好地识别这一模式。他得知思乐宝即将出售时，迅速将其看作另外一个佳得乐，他深信思乐宝代表了另外一个佳得乐，正如你深信方块B的颜色比方块A浅。

无意识过程

　　神经科学的第二个发现是模式识别主要是无意识进行的。

　　戴安娜·弗莱彻是个很好的例子，由于一氧化碳中毒，戴安娜的眼睛部分失明，她能辨别颜色和纹理，但是无法辨别形状——包括他丈夫的脸庞以及镜子中自己的影像。大卫·米尔纳医生是视觉问题方面的专家，他先对戴安娜进行了标准的视觉测试，结果显示她显然瞎了，某一刻他举起一支铅笔，问戴安娜："这是什么？"他描述戴安娜的奇怪反应："和往常一样，她看上去很疑惑。接着她做出令人意外的举动，'在哪儿，让我看看。'她一边说，一边伸手敏捷地将铅笔从我手里拿走了。"

　　米尔纳医生惊呆了，戴安娜的手指准确而又迅速地伸向铅笔，抓住它，并将它放在腿上，整个动作一气呵成。如果说她看不见，又怎么能如此灵敏地将铅笔拿过去？神经科学家给出的总结如下：我们的视觉有一部分是有意识的，一部分是无意识的。在一些病人身上，比如戴安娜·弗莱彻，有意识视觉已经大部分消失了，但是无意识运转的视觉得以部分保留。事实上，她接球的能力也非常好——尽管她声称自己看不见球在哪儿。

这一研究以及许多其他研究表明我们可以无意识地理解事物，尽管我们有意识的大脑不能或者是不愿意理解。意识让我们思考并且更加认真地做出评估，但是负责这一功能的大脑皮层能力有限，因而大多数记忆搜索以及模式识别是无意识的。另外，这些无意识过程能够为我们做出评估，指引我们行动，和有意识过程一样有效。

唐·尤滋在评估思乐宝的时候大脑进行了大量的无意识信息处理，处理后的结果以综合识别的形式浮现于他的意识层，正如你识别棋格以及方块的颜色，他将思乐宝识别为一个与佳得乐相似的企业。有意识思维可以运作以改变或是重新评估这些无意识识别——但是需要付出努力，同时需要认识到无意识大脑的运作方式并且愿意接受最初判断可能存在错误的事实，要做到这一点非常难。假定自己已识别的就是真实的，尤其对经验丰富的人来说，更加容易也更加自然。等到尤滋察觉到自己的错误时，为时已晚。

不存在的祝融星

我们前面描述的无意识过程甚至可以发生在最具推理能力和分析能力的大脑中。法国天文学家欧本·勒维耶于1877年逝世，他因发现海王星的贡献而闻名于世。之前，勒维耶一直致力于天王星轨道的计算，发现得到的结果和牛顿力学所预测的轨道有偏差。

勒威耶是一位不辞辛劳的分析家，他反复检查数据，验证计算天王星的轨道。经过数年的计算，他发现之前的天文学家犯下许多错误，然而，他计算出的新结果仍然不符合牛顿力学。

一些天文学家解释说牛顿引力平方反比定律可能不适用于更遥远的太空，因此勒威耶开始思考轨道偏差的任何可能解释，在思考并且否决了几个假设之后，他得出一个结论：天王星奇怪的轨道是因为存在另外一颗行星，离太阳更遥远的行星。海王星的发现于1846年9月25日正式公布。

最初，他无法说服法国或是英国的天文台寻找这颗行星，最后他说服了柏林的天文学家伽勒和达赫斯特。勒威耶将自己辛苦计算后预测的坐标发给了伽勒和达赫斯特，仅用了几天时间，他们就发现了这颗新行星。

这一发现很快得到其他天文台的证实，当时35岁的勒威耶，一举成名。在他整个职业生涯中，这一成就不断得到褒奖，有人甚至将其比作牛顿。一位著名的法国天文学家克劳德·弗拉马里翁写道："他用笔尖发现了一颗行星，除了自己的计算没有依靠任何仪器。"然而，接下来发生的事情很好地说明了模式识别如何让最聪明的人误入歧途。大约15年之后，勒威耶宣称存在另外一颗新行星，他发现水星的轨道有异常，无法用牛顿力学进行解释。他用之前计算天王星轨道的方法，花了近13年的时间，计算得出水星的轨道中存在另外一颗行星——比水星离太阳更近的行星。

他再一次给出坐标，希望找到新的行星，然而这一次花了三个月时间也没有找到，直到一位业余天文学家埃德蒙·勒卡尔博尔宣称看到过该行星。勒卡尔博尔的发现和勒威耶发布的坐标并不一致，勒卡尔博尔称自己在勒威耶发布坐标好几个月前偶然看见该行星。因此，为了确认这一发现的真实性勒威耶拜访了勒卡尔博尔。

尽管他的仪器陈旧而且记录也不全，勒威耶仍然确信行星已被发现，并将其命名为"祝融星"（Vulcan）。

他的发现被再一次当作胜利，各大主要天文台迫切地想要证实这一发现，要求提供新的坐标和时间，勒威耶照做了，但是没有发现。他重新计算，并给出新的坐标和时间，仍然没有发现。尽管如此，勒威耶依然相信祝融星的存在。此后每一年他都给出新的坐标和时间，直到1877年去世。到那时候，科学界基本上已经不相信祝融星的存在，也不相信水星和太阳之间存在任何其他行星。事实上，直到1915年爱因斯坦提出相对论，水星轨道异常才得到充分的解释。

那么，为什么这位不辞辛劳的分析家就是不明白其他所有天文学家都明白的道理：未发现的行星可能就是不存在？因为这一情况和他之前有意识和无意识识别的情况如此相似，因为他对祝融星的"发现"和他对海王星的发现如此相似，他的大脑不断地告诉他这就是真的，正如史密斯伯格的大脑不断地告诉他思乐宝就是另外一个佳得乐，也正如你的大脑很可能现在还在告诉你方块 B 的颜色比方块 A 的颜色浅。

我们如何填补空缺

大脑研究的另外一个发现是：为了评估或者识别某物，我们会填补所拥有信息的空缺。而且由于这一过程是无意识的，所以我们不会意识到自己做出的假设。

+   O

图 2-2　大脑的欺骗能力

这一点很容易证明。我们所有人都有盲点——视网膜上视神经连接眼睛的某一点，看着图 2-2，如果你闭上右眼，左眼盯着这一页右边的圆形标记看，然后将该页前后翻动，你会发现左边的十字标记最终消失了。当你一只眼睛看着圆形的时候，你的视觉盲点就定位在另一个标记上，因而就算你知道它就在那儿你也看不见它。我们的大脑接收这一信息，并且利用经验断定该页由于处于盲点而看不见的区域和四周一样，是白色的。因此，我们的视觉过程将"白色区域"这一信息传达给我们的意识层，十字标记就消失了。不幸的是，尽管我们知道自己的解读是错的（正如十字标记的消失），我们控制不住自己，看到的仍然是空白。

维莱亚努尔·苏布拉马尼安·拉玛钱德朗研究的一些病人的大脑欺骗能力比上面这一简单的例子要厉害得多。在一个病例中，他曾经报告说："一位业余运动员在一次摩托车事故中失去一只胳膊，但是他仍然对失去的胳膊存在强烈的感知……他可以'触摸'东西，甚至可以伸手'握住'咖啡杯。如果我突然将杯子拿开，他会发出痛苦的叫声，皱着眉头说：'哎唷！我能感觉到杯子从我手中被猛地夺走了。'"

拉玛钱德朗得出以下结论：由于大脑试图使用经验来解释所发生的事情，因此大脑会为他的病人创造这些独特的"现实"。大脑在为当时的情况填补空缺，并创造了一个大脑根据经验想象出来的现实。由于这一过程是无意识地发生的，病人并未意识到他们看到和感觉到的都很"愚蠢"。

勒威耶因祝融星表现出来的愚蠢和相信咖啡杯从自己已经失去的手里夺走会引起疼痛的人比起来程度要轻得多——然而产生这一结果的思维过程却是相似的。当我们的大脑试图理解世界时，它会犯错，于是我们会有错误的想法，会有奇怪的行为。

网球的智慧

尽管如此，正如我们之前用网球的例子所提及的，我们的模式识别技能依然发挥着非同小可的作用，当我们拥有适当的经验时，我们可以迅速评估情况并决定行动，快过网球飞行的速度。事实上，整个过程可以完全不需要意识的参与。

但是当我们不熟悉情况时，我们可能会大错特错。你只要看看从来没打过网球的人便知——球拍乱挥、站错位置、错过挥拍时机、错误击球。面对不熟悉的情况时，我们都有可能犯错。然而，非专业网球选手知道自己错了，有足够多的数据告诉他们自己的水平还需多加练习。大多数情况下，我们很难知道自己判断有误。事实上，当我们经验十足地认为自己是正确的时候最有可能做出错误决策。

专业的网球手可能被不熟悉的变化愚弄，如海拔、网球构造、球场地面，或是球拍长度的变化，这一点也是我们最感兴趣的。我们的模式识别依赖于信息对称以及空缺填补，当我们经验丰富时这两个过程可以有效运作，但当我们自以为经验丰富而事实上并非如此时，错误在所难免。

当我们犯傻时可能还自以为聪明，正如史密斯伯格和勒威耶，我们可以信心十足地击球，只是发现球偏得老远。

此类易错倾向很容易在一场快速的实时比赛如网球赛中观察到，但是在需要花费数月来分析和讨论的重大决策中是否也如此？答案是肯定的，世界级的专家也会犯错。收购思乐宝决策的提出和执行耗费了差不多一年的时间，勒威耶计算水星轨道的偏差花了13年时间，而且在那位业余天文学家宣称看见祝融星之后，他继续进行轨道计算并且和世界最优秀的天文学家讨论这一问题长达16年之久。

换句话说，我们的模式识别都有可能犯错，包括那些我们最认真做出的决策。因此，我们必须弄清楚错误何时会发生，并且预备防御策略以降低我们产生误判的风险。

模式识别中的陷阱

在两种情况下我们的模式识别犯错的可能性最大：当我们有误导性经验或是误导性预判的时候。

误导性经验是记忆，如史密斯伯格对佳得乐的记忆，记忆看起来和我们要评估的情况相似，事实上并非如此。我们大脑的无意识相信自己已经完成了模式匹配，并通知我们的意识这是可识别的情况，接着，这一识别的结果会充斥着意识层。不管是一张脸、一个网球、一个潜在的收购目标还是一系列的数学运算，根据从已识别的经验得出的假设，我们的意识和潜意识会开始做出反应。正如我们将在下一章所描述的，我们的大脑也会评估与先前经验的记忆相联系的情感，如果我们先前的经验是误导性的，那么我们很有可能对现实情况做出错误判断，而且还会认为其合情合理。（第 5 章将关注误导性经验。）

误导性预判是先前的决定或判断会对当前的判断造成误导，因其经常和先前经验联系在一起，所以这些预判可以看作先前经验的不同形式。然而，我们的许多预判得自传授而非习自经验，而且我们可以在没有相关经验的情况下做出决策以及判断，因此，将误导性记忆分为两类是有益的：误导性经验和误导性预判。（第 6 章将关注误导性预判。）

预判是影响个人多年的经验法则。比如唐·尤滋可能遵循了一条法则，那就是交易结束后第一个 100 天内要完成并购后整合：这是并购后整合方面教科书给出的一条常规建议。不幸的是，在思乐宝这个案例中，这一条法则具有误导性。

预判也可以是和当前情况相关的预判或是先前决策。史密斯伯格和尤滋先判定思乐宝和佳得乐相似，之后他们对这一新业务了解的越多，要发现两者的区别就越难，他们的预判误导了大脑的自然模式识别过程。勒威耶判定勒卡尔博尔已经观测到了祝融星，这一误导性判断导致了他对其他天文学家观点（即祝融星并不存在）的误解。事实上，对勒威耶来说，是他之前用牛顿定律发现海王星的经验和对勒卡尔博尔已发现祝融星的判断两者结合导致了他的错误，而这一错误持续到他去世。

只有明白我们的模式识别可能具有误导性，在大脑可能犯错时我们才能更加有力地预测情况并且强化我们用来做出某些决策的过程。如果能够辨别我们的思维何时可能由于误导性经验或是误导性预判而犯错，我们可以采取措施保护自己。通过接纳其他人的意见、搜集额外数据、坚持彻底的讨论，甚至只要意识到我们自身的易错性，我们就可以减少决策错误的风险。但是正如我们将在下一章所述，我们的大脑不仅仅受到模式识别错误的影响，我们的思维同样会因为我们的情感而发生扭曲。

03　情感标记

　　王安于 1951 年创立了王安实验室。20 世纪 80 年代早期，王安实验室因王安领导研发的创新产品而大获成功，"磁芯存储器"——一种照相排印装置，大大提高了报纸印刷的速度——是最早的电子计算器之一。然而，王安最成功的产品是文字处理机。王氏处理系统（WPS）120 于 1976 年发布，该系统可以存储信息，允许用户进行文本编辑，电动打字机几乎在一夜之间退出市场。这一系统让王安实验室获得迅猛发展，更重要的一点是，它在核心业务上给了 IBM 一记重拳。

　　20 世纪 80 年代早期，王安实验室在电子信息应用和分布式处理趋势方面都处于有利地位，而分布式处理是后来 10 年的主导趋势。王安实验室只有 30 亿美元的销售额，而 IBM 的销售额为 470 亿美元，野心勃勃的王安立下目标，要在 1990 年之前夺取 IBM 在电脑行业的领先地位。接下来的几年里，他上衣口袋都会放着自己对付 IBM 的进度计分表。不幸的是，结果并不光荣，王安公司于 20 世纪 90 年代早期破产。

　　王安实验室的衰落始于王安不愿意研发个人电子计算机的决策，雅达利公司早期电脑型号预示了电脑市场未来的希望，苹果公司也成了计算机技术的领先者。然而，王安拒绝这一机遇，他做出如下评价："个人电脑是我听过的最愚蠢的东西。"因而，等到80年代王安带着杀手级应用程序入市的时候，为时已晚。

这一决策令人惊讶，王安曾经创造出重要发明，个人电子计算机的技术对公司来说完全不成问题。王安公司研发个人电脑的动机来自一个重要人物——王安的儿子弗雷德里克，他正是我们探寻其父亲思维的突破口。

1981年，IBM将个人电脑5150推入市场，因其价格合理，而且使用开放性的操作系统，市场异常火爆。发行后4个月，5150被《时代周刊》命名为"年度人物"。王安无法继续无视市场，但是他又做了一个糟糕决策，当时行业里其他公司都选择IBM可兼容系统，而他选择了封闭式的操作系统。王安个人电脑虽然没有迅速陷入灾难，但是却让王安实验室没有了竞争力。客户开始用电脑替代文字处理机，王安所拥有的财富也迅速缩水。

然而，在当时那个动荡的年代，王安并不是唯一做出错误决策的商业领袖，他身边的人认为这些错误背后的主因是他的情感。首先，他对王安文字处理机的"爱"是众所周知的事，他对这一产品的情感远远超过了骄傲和商业热情，他就像一个自豪并且小心保护着自己孩子的父亲，这就让他很难接受将导致文字处理机淘汰出市场的技术。其次，他恨IBM，他把IBM当作目标竞争者，之前和IBM的专利交易又让他感觉被欺骗和压榨，因此，他不愿意支持由IBM开发的产品平台。

毫无疑问，王安想要为公司做出正确的决策，而且他在论述自己观点时很可能思维连贯、逻辑缜密。然而，导致他判断错误的是他的情感：他对文字处理机的爱以及对IBM的恨。

这一章中我们将解释为什么情感在决策过程中具有如此重大的作用。事实上，我们认为如果没有情感，我们根本无法做出决策。明白了这一点之后，我们将解释情感如何成为一把双刃剑，既能帮助我们做出绝佳决策，也能误导我们做出错误决策。

军事行动

曾是一名士兵的诺曼·狄克森后来变成了心理学教授，他在《军事失能心理研究》一书中描述了许多军事行动，这些行动的指挥官和麾下士兵无视不断涌现的证据，虽然证据表明灾难正在临近，他们仍执迷不悟地坚持错误的计划。

狄克森在书中所举例子中最令人震惊的是市场花园作战计划，盟军企图用空降兵占领荷兰的三座大桥，然后派地面部队通过大桥击溃德军，希望在欧洲结束第二次世界大战。

盟军于1944年7月在诺曼底登陆，到8月底歼灭了法国境内的两支德国军队，而且有情报显示战场上几乎没有其他后援部队。盟军军力强盛，但是后备物资有限，因此蒙哥马利元帅想将盟军的后勤力量集中起来，利用德国恢复元气之前的混乱，从北部一举突击。他的计划如下：先由三支空降部队占领三座大桥，然后地面装甲部队沿着空降部队开辟的长达64英里的"空降廊"直扑德国北部。前两座大桥位于赫拉弗和奈梅亨，第三座大桥位于阿纳姆，横跨莱茵河。蒙哥马利元帅的上司艾森豪威尔虽然想要从正面更加稳定大范围地进攻，但是仍然同意了市场花园作战计划的执行。

这一计划大胆、风险高。因为没有足够的飞机，没法一次装载完所有的空降兵，因此需要持续几天的好天气；空降部队都是轻型装备，因此地面部队必须迅速前进，这一点至关重要，否则空降兵可能全军覆没。计划规定地面部队必须在72小时内到达位于阿纳姆的那座最远的大桥，通往那儿的只有一条羊肠小道，两边地形复杂、布满沼泽。德军只要堵在前面，行动就会被严重拖延。盟军的数量优势也于事无补。道路两边的沼泽无法通行，这就意味着一旦盟军的前锋遭遇敌军，拖延会给德军机会，集中储备力量，攻打空降桥头堡。一切都必须顺利进行——三座大桥必须全部占领、无一落下，地面部队的前进步伐刻不容缓，只要有一方出现问题，这个计划就会一败涂地。

空降部队由博伊·布朗宁中将率领，博伊·布朗宁中将是参加过第一次世界大战的老兵，他迫切希望在战争结束前指挥军队行动。英国空降部队从最开始就是他组建起来的，而市场花园作战将会是历史上规模最大的空降行动。他想加入这次行动，成为一分子。他麾下的伞兵是在诺曼底登陆中担任前锋的精英部队，他们跃跃欲试，市场花园作战是他们的好机会，风险似乎可以接受。

9月15日，即市场花园计划原定执行日前2天，新的情报显示两支德国党卫军装甲师在阿纳姆城内及附近休整，如果情报属实，这两支军队可以轻而易举地封锁地面军队的前进之路，阻止盟军占领第三座大桥。英国第一空降师的降落地点就是第三座大桥，指挥官赶紧跑去见布朗宁，只得到布朗宁"像个被噩梦吓坏的孩子"的评价。当情报员向布朗宁出示航空拍摄的德军坦克布防图时，布朗宁告诉他："如果我是你的话，不会为这些烦恼……总之，这些坦克很可能已经报废。"接着，一位医生被派去对该情报员进行体检，认为他显然劳累过度并建议他休假。就这样，信息被无视了。

该作战计划如期执行，一开始确实让德军措手不及，可是，接着天气变坏，拖延了援军和物资的空降速度，地面盟军部队也失去了空中支援。尽管遇到意料之外的强烈抵抗，伞兵部队依然成功占领了赫拉弗和奈梅亨的大桥，只剩下阿纳姆那一座大桥了。然而，问题出在地面部队，经过9天的恶战，他们依然没能到达阿纳姆大桥，伞兵部队只能极不情愿地撤回，战役终止。盟军付出了惨痛的代价，第一空降师丧失了60%的兵力，正如著名的历史学家马克斯·黑斯廷斯最近所总结的，"市场花园计划糟糕，执行失败。"

为什么各指挥官们就是不愿意相信德国还有额外兵力？狄克森教授将之归因于情感。他写道："一些军事领导者犯下的明显智力上的错误，不是因为缺乏智力而是情感在作祟。"布朗宁迷恋空降，因此不顾一切想要让部队参加行动做出证明，这样做显然是由于他的个人兴趣。一位与他同时代的人给这一行动贴了个标签叫做"骑士行动（Operation KCB）"，意指布朗宁的主要动机是想获得骑士勋章，而他后来确实得到了。

蒙哥马利一向小心谨慎，总是让自己的部队量力而行，他本可以更加理智。但是他被艾森豪威尔激怒了，艾森豪威尔最初并不赞成他一举突击的想法，因此蒙哥马利执著于自己的市场花园计划，任何人想要挑战这一计划只会得到他的嘲弄。如果这个计划成功了，那么他就可以在盟军高层中重建威望，并且有可能成为在圣诞节前结束战争的元帅。用马克斯·黑斯廷斯的话来说就是"（蒙哥马利的）动机不难猜测，他对自己被排除在盟军地面部队指挥之外而耿耿于怀，因而决意要在与德军的战斗中恢复自己的统帅地位。结果,他将自己所有的注意力都放在了怎样才能攻破荷兰的敌人前线上,而那儿正是英军所在的地方。他对南边的任何其他机会都没有兴趣,那是布莱德雷率领的美国第十二集团军的前线……蒙哥马利对艾森豪威尔的嫉妒心从始至终影响着他的决定"。

参与制订市场花园计划的人和他们往常所表现的一样,极为聪明、能干,但在这个案例中,他们的理智被情感控制了,付出的代价是极为惨痛的。

爱荷华赌博任务

安东尼奥·达马西奥是世界上著名的神经科学专家,他参与设计了一个意义深远的实验,用来评估决策过程中情感所起到的作用,也就是著名的爱荷华赌博任务。第一次实验在爱荷华大学医学院进行,达马西奥当时是该学院神经科学系主任。

实验如下:受试者坐在一张桌子旁,桌子上摆了四副牌,他们事先得到2000美元的赌资,而且被告知任务的目标是赚钱。他们还被告知有些牌可以得到收益——高达100美元,而其他一些牌则会带来损失,有时候会损失几百美元,他们可以从任何一副牌中抽牌。

受试者不知道的是有两副牌——不好的两副牌——收益小于损失,而另外两副牌——好的两副牌——收益大于损失。每一副牌都不同,收益和损失也不同。不好的两副牌,平均收益高但是损失更高。如果受试者从一副不好的牌中抽取10张牌,那么他会得到1000美元的收益,但是必须损失1250美元,结果净亏250美元。如果受试者从一副好的牌中抽取 10 张牌，那么平均收益是 500 美元，损失 250 美元，净赚 250 美元。

一开始，受试者们随机地抽牌，看看牌面如何。但是，一旦有受试者抽到了损失牌，电子检测器记录到情感开始被激活。

抽了几张牌之后，如果受试者准备从不好的那副牌中抽牌，可以检测到更强烈的情感活动，这时的受试者甚至还未对该副牌做出判断。事实上，受试者们已经开始更愿意从好的那两副牌中抽牌，并避开不好的那两副牌，这时他还讲不清楚自己在做什么，也讲不清楚自己为什么这样做。一般要抽二十几张牌，行为改变之后，他们才能给出解释，而要抽 30 张牌后，他们的情感会给出信号表明他们对不好的那两副牌存有疑虑。

他们的反应顺序如下：首先，他们抽到损失牌的时候会做出情感反应，然后，每当他们要从不好的那两副牌中抽牌时都会有情感反应，接着，他们开始避开不好的那两副牌，而这一点他们自己都没有意识到，整个过程显然是潜意识的。到第二个阶段，他们开始表达出对好的两副牌的偏好，尽管他们说不清楚为什么，他们的直觉有了偏好。最后，受试者解释说他们避开不好的两副牌是因为收益总是比损失少，从这之后，他们只从好的那两副牌中抽牌。

这个实验表明我们的情感是我们决策过程的一部分。事实上，似乎是情感在引导整个过程，从牌堆中抽牌这样非感性的活动也不例外。决策过程的顺序似乎如下：整个过程由环境信息输入开始，如实验中四副牌的信息。第二步是无意识情感反应，接着是情感反应带动下的行为变化。然后，我们开始意识到导致行为变化的感觉，也就是我们的直觉。最后，我们可以通过推理做出决策。结果就是大多数受试者完全避开不好的两副牌，并且能够对四副牌的差异做出理性的解释。

我们会有自己意识不到的感觉，这些感觉会在我们毫无察觉的情况下影响我们的行为，而且我们的情感判断通常早于我们的理性判断，这一点看起来好像很奇怪，但这似乎是事实。达马西奥表示这可以带来许多益处，"将注意力集中在问题的某些方面可以提高推理质量，"这样做"能够缩小决策范围，并且提高行为遵循过去经验的可能性"。

受爱荷华赌博任务实验结果的启发，达马西奥决定看一看负责产生和处理情感的大脑部位受损的病人是否会有不同的反应，确切地说是大脑内侧前额皮层受损的病人。这些病人的智力测试结果和正常人一样，智力水平并未受影响，但是他们的决策系统似乎受损，他们无法预料不好的结果。

前额皮层受损的病人在抽到损失牌的时候确实会做出反应，但是从不好的牌堆中抽牌时并没有显示出任何情感预测，他们也不会避开不好的牌堆，此外，他们丝毫没有觉察到不好的两副牌可能会给他们带来损失。

更令人惊讶的是，一些情感功能受损的病人意识到所发生的事情并且可以清楚地解释几副牌的区别之后仍继续从不好的牌堆中抽牌——他们理解几副牌差异的时间点和大脑未受损的受试者是一样的。就算抽了100次牌，尽管他们的损失越来越多，他们仍继续从不好的牌堆中抽牌。

达马西奥得出结论，由于这些病人的情感无法影响决策过程，因此他们无法改变自己的行为。在智力上，他们完全明白所发生的事情。但是情感不可或缺，因为情感才能将信息转化为影响行为的决策。

标记游戏

达马西奥和其他人（包括《情商》的作者丹尼尔·戈尔曼）提出了一个假说，即当大脑存储某一事件或动作的记忆时，也会存储与之相关的情感。这就是我们所说的情感标记。

当我们发现自己需要做出决策时，我们的大脑（正如前一章所描述的模式识别过程一样）会回忆过去和当前相似的情况，并且获取其所标记的情感。当受试者向不好的那副牌伸出手的时候，会触发他们之前从该副牌抽牌时的情感。如果之前的情感总体是消极的，那么当受试者从该副牌抽牌的时候，他们会表现出消极的情感——表现为心跳加快、手心冒汗。例如，当受试者第一次决定该从哪一副牌下手时，由于之前没有抽过牌，他们没有什么特别的情感。但是，当实验继续，他们从不好的牌堆中抽牌会遭受更高的损失，他们的情感开始给出警告，不要从该副牌中抽牌。然而，负责情感或者是情感标记的大脑部位受伤的人不一样，他们没有这样的情感，因而会继续从不好的牌堆中抽牌。

想想情感是如何影响王安的。他在决定是否要研发产品进入新兴的个人电脑市场参与竞争时，很可能考虑到这样做会对文字处理机造成的影响。对自己最成功产品的爱激发了他情感上的保护欲，他最初的本能反应很可能是寻找改进文字处理机的方法，以保护其免遭销量下滑的危险。

他也可能想到其他情况，即高端产品同样会威胁到标准产品，因为高端产品一般在大众市场所占的份额不多，于是他兴许就释然了，认为不需要采取改进举措。他甚至有可能体验过试图在其他市场推出技术上更加复杂的产品结果大失所望的负面情感，这些情感的结合或许就是背后的驱动力，导致他不愿意发布个人电脑并且断言个人电脑是他听到的最愚蠢的东西。

我们并不是说像王安这样的管理者完全被情感控制，但是正如爱荷华赌博任务所展示的一样，我们所有人都受到情感的影响，即使是抽牌这样单调的行为也不例外。

王安是否能消除这些情感的影响并且尽早进入个人电脑市场呢？答案是肯定的。我们的理智可以控制我们的情感，然而，这一点很难做到。王安很可能需要得到反面情感的信息输入才能做到，比如来自一位同事的激烈请求或者是来自一位客户拒绝文字处理机而转向个人电脑的诉求。

王安确实改变了自己的想法。个人电脑的成功已经开始导致文字处理机销量下跌，随着IBM个人电脑的推出，个人电脑的威胁更加明显。我们可以推测他情感上对个人电脑销量上涨的恐惧更甚于对文字处理机销量下跌的排斥。因此，他决定开发个人电脑产品。

接着，他又面临了一个难题，那就是必须决定是复制IBM还是创建封闭式操作系统。这时候，他对IBM的负面情绪以及和IBM由来已久的竞争很可能对他产生了影响，这些情绪很可能告诉他不要当IBM的跟随者，当然，这其中肯定还有其他原因。但是不管他是否意识到，情感仍是影响因素之一。他最后决定开发封闭式操作系统，这一决定从纯理性分析的角度来说也合情合理。然而，那些我们访谈过的人都觉得他被对IBM的恨过度影响了。

战略决策错综复杂，因而必须做出至关重要的判断。对这些判断来说，推理和事实通常不足以证明是非对错，还需要本能、第六感和直觉的帮忙，而所有这些都依赖于我们的情感标记。通常情况下，这些情感标记能够帮助我们做出正确的判断，正如它们帮助爱荷华赌博任务中的受试者一样。然而，有时它们会令我们失望。

王安很可能也依赖了自己的直觉来判断个人电脑市场的前景，并且衡量过和IBM结盟是否明智，不幸的是，他的情感标记让他失望了。布朗宁中将面对关于敌军的新情报，也很可能用直觉衡量了航拍照片的重要性，同样，他的情感标记也让他失望了。

情感和承诺

情感标记不仅与获取过去记忆的过程相关，而且在我们承诺执行某个决策的过程中也必不可少。我们需要承诺来行动，我们需要信心，相信自己做的是正确的事情，我们需要支撑着我们度过艰难险阻的能量，因而我们在决策的时候产生了额外的情感。

> 问：五只鸟落在树枝上，两只鸟决定飞走，还剩下几只？脑海中闪现的答案很可能是三只。

但是，正确的答案是五只。两只鸟决定飞走并不代表它们真的飞走了。这是苏格兰皇家银行（RBS）的管理者们最喜欢的脑筋急转弯问题，苏格兰皇家银行在2000年收购了国民西敏寺银行（NatWest）之后变成了一家大型英国银行。苏格兰皇家银行的管理者们认为集团成功的最重要原因是他们对行动的偏好，他们分析问题、迅速做出决策，然后立即执行。对苏格兰皇家银行来说,"分析瘫痪症"是比决策后立即行动更大的罪过,就算行动之后需要调整甚至完全放弃也如此。苏格兰皇家银行的管理者们用这个脑筋急转弯问题鼓励国民西敏寺银行的员工做出决策并采取行动。他们希望国民西敏寺银行的管理者们明白同意某一个计划并不能保证执行,行动是必须的,而行动需要情感承诺。

安东尼奥·达马西奥提供了一个很好的例子。他描述了他和一位大脑受损病人的讨论,在做决策时,这位病人大脑的认知功能完好无损,但是情感驱动力无法使用,他们两人试着预约下一次会面时间。

达马西奥给出了两个可能的日期,病人开始没完没了地列举两个不同日期的利弊和可能性,说得头头是道。几分钟之后,达马西奥听不下去了,他告诉病人下次会面就约在两个日期中的第二个。"好的。"病人回答,仿佛一开始就不存在任何问题。

据我们所知,神经科学尚未对情感如何影响行动的承诺做出明确解释。然而,正如我们的决策过程由情感标记聚焦和引导,情感很可能会影响我们对行动的承诺水平。如果某一选中的行动以及其预计的结果带有非常积极的情感标签,那么我们很有可能在行动时更加果断。如果我们的情感发生冲突,那么我们对大脑建议的行动很可能产生矛盾心理。

但是负责决策的情感不仅仅来自我们已有的情感标签,决策过程同样可以产生情感。当我们对决策感到兴奋时,我们会用额外的积极情感对其进行标记。如果我们认为自己做了正确决策的感觉得到强化,更强烈的情感标记会随之产生。这很可能是布朗宁中将竟不称职地拒绝重要情报背后的原因,他想避开情报有可能带来的消极情感,他的大脑自主地得出情报可能是错误的解读,这个解读的情感标记很可能是积极的,因为它支持市场花园作战计划。要解释为什么情报可能是错误的，他需要寻找确凿证据，他很可能注意到了情报员疲惫的眼神，于是这个解读被标记的积极情感更强烈了。

这类思维过程被研究者们命名为"认知失调"，一旦我们做出判断，我们倾向于接受正面信息并抵制负面信息，我们通过给正面信息打上积极情感标记并给负面信息打上消极情感标记做到这一点。

结果我们的思维过程更加重视正面信息。

情感力量

到目前为止，我们已经说明情感会影响决策，决策也会催生情感。决策来自于情感和理智的结合。然而，有时情感会主导整个决策过程。

情感如何影响决策

长久以来，科学家们忽略了情感在决策过程中的作用——他们更愿意将每一个选择看成是认知的一种形式。然而，过去几十年的关注点回到了情感。神经科学家保罗·麦克林的大脑三位一体模型就是一个很好的例子。麦克林是哈佛大学、耶鲁医学院以及美国国家心理健康研究所的一位高级医师和科学家，他对大脑结构的研究被认为是过去50年神经科学领域最具影响力的成果。

麦克林提出大脑可以分为三层（图3-1），每一层来自不同的祖先，爬行动物脑（原始脑）是我们的脑干，负责维持个体生命的日常功能：心跳、呼吸、繁衍以及防御。

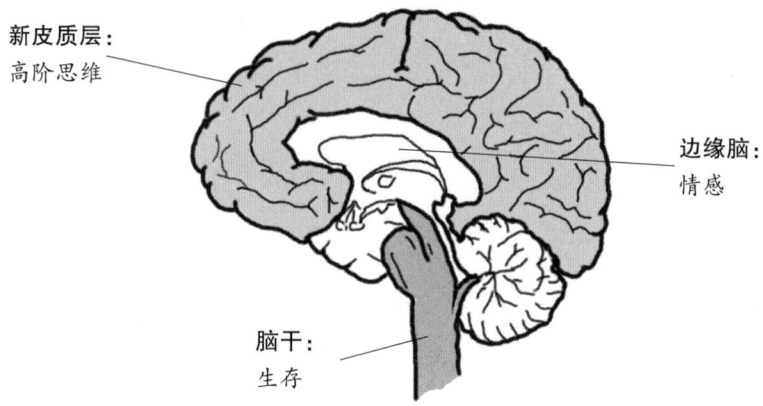

图 3-1 大脑结构图

接下来的一层大脑进化自我们的哺乳动物祖先,也叫边缘脑,这一层负责记忆和情感,包括负责管理恐惧的杏仁核以及负责管理喜悦的伏隔核。

最新进化出来的是我们大脑最大的组成部分,即新皮质层,我们和灵长类动物皆有此皮层,其负责意识和理性。

简化麦克林的理论可以得出以下结论,即我们的情感来自和我们的理性思考完全不同的部位。情感和认知通过不同的系统和过程影响我们的行为,影响方式也完全不同。情感更加原始,它们为我们提供动力,大脑的理性部位也会平行运转,试图牵制、引导和约束情感。正如柏拉图所说,我们坐在一辆两匹马拉着的车上:理性和情感。

情感比较简单——要么积极,要么消极。相对来说没有纯粹的情感——比如愤怒、悲伤、恐惧以及喜悦。这些最基本的感受人人都有——恐惧、愤怒、悲伤以及喜悦的具体脸部表情——在来自不同文化的人们脸上都能看到。情感的丰富度来自不同感受的结合，就像三原色。比如，嫉妒可以是愤怒和悲伤的结合，罪恶感可以是喜悦和恐惧的结合。

情感和行为有着紧密的联系。在我们还是哺乳动物时，情感让我们对食物和掠食者做出反应。情感不需要思考，它们鼓励我们行动——要么进食、战斗、逃跑，要么实施其他近似于本能的行为。情感简单明了，行动更加简单。

认知不会导致行动——行动与爬行动物脑及哺乳动物脑的进化相关，相反，认知会增进处理数据和思考的能力，但是如果没有情感，认知也只是一个高级数据处理系统，无法做出决策。

情感在无意识层面发生作用，因而具有很强的影响力。证据表明无意识的情感比有意识的感受对决策具有更强的偏差效应，很可能是因为决策者想不出自己做出该选择的原因。就算人们意识到自己的感受，他们也不可能完全意识到这些感受对自己所作决策的无意识影响。

关于情感影响行为的确切机制引发过一些讨论，一种理论认为情感直接引起改变行为的本能反应——大家可以想象一种机体，这种机体可以无意识地对威胁或是机遇做出反应。另外一种理论认为情感影响我们的认知过程，接着认知过程产生行为。例如，达马西奥相信我们可以用情感标记引导我们的决策过程，而不引起身体其他部位的改变——情感直接警示我们的认知脑。达马西奥的确认为这是情感影响决策的最常见方式。

两种理论可能都是正确的。恐惧反应是很好的例证，约瑟夫·勒杜克斯在这方面有深入的研究,他描述了感觉丘脑如何处理输入的信息,并将其向两个方向发送,"低层通道"将信号直接传输至杏仁核,即激发恐惧反应的大脑部位。"高层通道"先将信号传输至感觉皮层——意识和无意识推理发生的部位——接着信号到达杏仁核,激发行为(图3-2)。这些系统共同运作,互相反馈。

在勒杜克斯的模型中,情感可以直接改变行为,也可以通过我们的认知过程改变行为。在低层通道中,情感直接作用于杏仁核,激发本能和肌肉的变化。在高层通道中,情感作用于推理过程。情感首先发生作用——低层通道更加快速,它们也为推理过程筛选重要信息并提供可行方案。

情感和认知之间是如何相互作用的仍是神经科学需要攻克的领域,然而,最新研究表明自然情感和推理过程通过复杂的系统共同

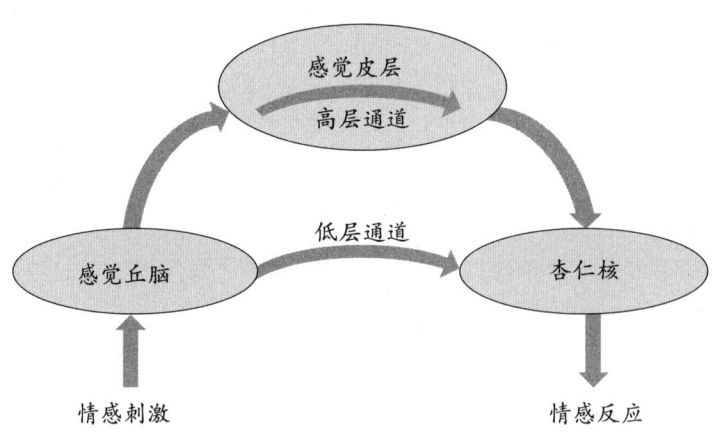

图3-2 勒杜克斯提出的激发恐惧反应的两条通道

运作，通过大脑不同部位联系起来。具体大脑的哪个部位负责哪种情感，情感和认知、意识和无意识是如何联系在一起的，尚不清楚。我们有能力缓和自己对情感做出的反应，丹尼尔·戈尔曼认为这是情商的关键。正如他所述，"通常情况下，边缘系统、新皮层、杏仁核和前额叶的互补性意味着每一个部位都是精神生活的全面合作伙伴。当这些伙伴合作良好时，情商得到提高——智商也同样会得到提高。"

劳伦斯·冈萨雷斯，既是一位记者也是一位作者，他对人们在恶劣环境下为了求生会做出什么反应非常感兴趣。在冈萨雷斯扣人心弦的《深度生存》一书中，他描述了研究过的十几个危机下求生的故事。在一些故事中，主人公做出了正确决策并生存下来，而更多的人做出了错误决策并因此而丧生。

冈萨雷斯引用了柏拉图的比喻，"人类机体就像骑在纯种马背上等在起跑门前的赛马骑师，他只是个小小的人，而所骑的马是巨大的，如果那匹马在小小的金属笼子里躁动起来，那骑师就会被马蹄踩踏，甚至可能丧命。因此，他对马尽可能地温柔。骑师就是理性，而马就是情感。经过亿万年进化培育而成并由经验塑造而成的复杂系统，为了人类的生存而存在。它们如此强大，以至于可以让人做出自己丝毫没有想过的事，而且可以让人完成自己认为永远完成不了的事。没有马，骑师赢不了，而马也不能没有骑师的驾驭独自赛跑。"

马很重要，它是我们进化的必要组成部分，我们需要决策能力，需要在没有理性的干涉下行动。正是这一能力让我们能够一边靠自动导航驾驶，一边和另一半争吵。冈萨雷斯提到埃里希·马里亚·雷马克的《西线无战事》，这是一部根据作者在第一次世界大战中的亲身体验改编而成的小说，"听到第一波炮弹爆炸的声音，我们的身体本能地往回跑，这种本能在上千年的历史中逐渐进化而来。我们身体里的动物本能被唤醒了，这种本能引导并保护了我们。这不是意识：它比意识更迅速、更确定、更不易犯错，我们也无法给出解释。一个男人向前走着，没有思考什么，也没留意什么——突然，他趴在了地上，一块块炮弹碎片从他头上飞过，而他毫发无损——然而他并不记得自己听到过炮弹袭来的声音，也不记得是怎么让自己摔在了地上。"

负责思考的大脑部位要从弹片下或是从利牙老虎的突袭下救出我们需要耗费太多时间，因而我们的情感和我们的肌肉以及内脏强有力地联系在一起，我们不需要等待慢得多的分析思维过程就能快速行动。

冈萨雷斯描述了他对航空母舰上的飞行员所做的研究。他对这项职业给飞行员所带来的挑战颇感兴趣，"在那生与死之间的界限，为了活下去，你必须保持平静和警觉。"他选择航空母舰是因为年轻飞行员在试图降落的时候有时却将飞机直接撞上航空母舰尾部，海军们对此也见怪不怪。曾是一名副驾驶的冈萨雷斯想弄明白这是为什么。他选择了卡尔·文森号，美国太平洋舰队的一艘航空母舰：

我到达后不久，一位飞行员落在最后，朝甲板飞来。他的飞机下降速率超出了安全范围，低低地、慢慢地，并且……可能有人会用到惊吓这个词，但是这个词并不能准确表达那种情形。很多神经信号在朝他尖叫，要他加大马力，他需要做的仅仅是将手放在油门杆上推几英寸。安全着陆官按下了手中的便携式开关，发出不断闪烁的红光，意思是"不能着陆!"当然,安全着陆官也在向他高声喊叫,然而,这些都没有起到作用。

航空母舰的尾部将飞机斩成两半,后座那家伙像撞上挡风玻璃的虫子,变得稀烂。飞行员则在一片火星中划过甲板,仍牢牢地绑在马丁-贝克弹射椅上。

尽管每一个可能的安全系统都在朝他或她尖叫,飞行员还是撞上了航空母舰的尾部,导致这一后果的原因就是情感控制了我们。正如晕眩一样,我们突然就变得软弱无力。我们的情感和我们的行动直接联系在一起,并且控制了我们,正如我们不需要思考就会呼吸,或是突然退缩避开尖锐的物体。

纽约大学的约瑟夫·勒杜克斯教授是使用动物进行研究的专家,他想要理解恐惧及焦虑过程,著有《情绪化的大脑》一书,他解释道:"意识对情感的控制力很微弱,但是情感可以完全掌控意识。我们进化到目前阶段,大脑线路就是如此,从情感系统到认知系统的连接力比从认知系统到情感系统的连接力更强。"

冈萨雷斯认为战斗机飞行员会经历许多次准备着陆时的胆战心惊以及安全触地时的欣喜若狂。杏仁核,大脑中负责产生与恐惧有关情感的部位,在这个过程中会不断地向大脑释放化学物,它在不断地尖叫,"太糟糕了;我们必须采取行动避免降落。"大脑会不断地搜寻在此种情况下该如何行动的记忆,最强的情感记忆是飞机落地后就能解除危险。因此,大脑会将这一信息传递给身体:"让飞机下降。"同时,大脑发现了降落甲板,识别出和喜悦相关的事物。伏隔核,大脑中负责喜悦的部位,将开始释放化学物,意思是"甲板很好,到甲板去,那儿有喜悦"。结合前面提到的交通工具比喻,换句话说就是:马的全部力量都在告诉飞行员让飞机降落到甲板上。

冈萨雷斯对飞行员的判断具有权威性。曾经有一次,当他准备降落时,他的副驾驶朝他的胳膊打了一拳,他才意识到控制塔正警示他有撞机的危险。

他既没有听到控制塔的警告,也没有看见其他飞机。他的注意力全部都在跑道和让自己的飞机降落上。

大多数情感掌控大脑的例子发生在需要立即行动的极端情况下,战略决策基本上不属于这种情况。战略决策通常需要数月的讨论和分析,因此在做此类决策的时候,我们不大可能完全被情感控制。然而,意识到情感的力量是很重要的,我们必须意识到,正如一匹真正的马,在某些情况下,它会失控。

对决策的启示

既然情感会影响决策,而且主要是积极的影响,我们不想试图消除其作用。事实上,情感主要通过我们的身体和无意识起作用,因此就算我们试图将其消除,也只能是徒劳。此外,我们做决策需要情感:当我们大脑的情感部位受损时,我们似乎变成了特别无能的决策者。

但是情感有时会给我们带来灾难,因此我们需要一定的方法来预测何时情感可能成为问题。如果我们有预警,如果我们可以提前辨别潜在的误导性情感标记,我们可以通过一些方法抵御我们所担心的情感的影响,强化决策过程。

例如,如果我们知道情感标记会让飞行员在飞机已经过低的情况下仍然试图降落，我们可以给安全着陆官配备控制操纵杆的能力，并强制飞行员重飞一次。或者我们也可以给飞行员的座椅安装电击设备，让飞行员能够摆脱情感控制。

以上的方法对典型的执行委员会或是董事会并不适用，但是思维过程是一致的，如果我们可以预测何时情感可能扭曲重要人物的判断，我们可以在决策过程中引入某种机制，以帮助抵御情感的扭曲作用。

我们已经辨别出四种情感标记，若使用不当，会对理智决策造成干扰：

强烈的情感经验。我们可能对过去经历的成功、失败、恐惧或喜悦有着深刻的记忆，大多数时候，这些情感可以帮助我们，正如其帮助雷马克小说中的士兵。但是这些情感记忆同样会误导我们。冈萨雷斯描述中的飞行员无法重飞一次，因为他的情感告诉他让飞机降落。

预判及先前决策。我们会给以前做出的判断和决策打上强烈的情感标记，如果这些判断无误，那么我们的情感可以帮助我们集中注意力。但是如果这些判断具有误导性，我们的情感会让我们紧紧揪着它们不放，就算其他不迷信这些判断的人已经发现了问题所在，我们依然会沉溺其中。王安对"个人电脑是我听到的最愚蠢的东西"的断言表明了他对一个判断的情感承诺，正是这个判断拖延了他发布个人电脑的步伐。布朗宁中将对阿纳姆战斗的迷恋混淆了他对航空照片的判断。

个人利益。在做决策时我们的个人利益经常受到威胁，如果这些决策仅仅影响我们自身，我们的情感标记会告诉我们正确答案。但是当我们的个人利益和我们为其他股东所负的责任发生冲突时，我们的判断就会失衡。这也正是为什么如果委员会中有成员的个人利益牵涉其中，他或她通常会被要求离开会议室或是不参与投票。同样，政治家要将自己的金融投资交给独立的基金经理负责，这样他们的判断就不会被个人的损益影响。事实上，我们对奖励机制以及将管理者利益和其所在企业利益相结合的关注，就是要弄清楚个人利益会对决策产生何种程度的影响。

情感依附。我们是社会性动物，因而我们会对其他人产生依附。爱是一种强烈的情感，我们也会对一个群体或是部族、地方，甚至对所拥有之物产生依附。如果我们需要做出的决策可能影响到我们的依附，产生的情感会让我们的想法失衡。例如，王安对其文字处理机的爱以及对IBM的恨给他对研发个人电脑益处的思考染上了色彩。

前面两种类型的情感会强化我们在第 2 章介绍过的红旗警示情况，强烈的情感经历在不适当的时候就会成为误导性经验，干扰我们的模式识别过程。情感越强烈，越有可能影响我们的思维。同样，对先前判断带有的强烈感情也会引起误导性预判并左右我们的思维。

然而，另外两种类型的情感意味着其他两种红旗警示情况：不适当的个人利益和不适当的情感依附。和前面两种红旗警示情况一样，我们相信在决策前发现这两种情况的存在、改变做决策的方法、减少其扭曲，我们选择的风险都是可能的。

现实如下：情感交织在做决策的过程当中，而且是决策过程必需和重要的组成部分。情感的大多数影响是无意识的，我们只有通过直觉才能意识到它们的存在。我们可以在一定程度上控制情感的影响，比如通过更多的分析，更多对事实的考虑，或者是更清楚地认识到引导我们情感的来源。但是，我们无法消除情感的影响。记住，没有情感，我们无法做出决策。此外，情感大多数时候对我们的潜意识而不是意识产生影响。

好消息是在这一过程中我们的情感被设定为大多数时候帮助我们轻松并且有效地得到正确的答案。但是，在错误的情况下，正如王安和布朗宁中将，情感可以给我们带来灾难。

我们做决策时一次只能制定一个计划，因此思维过程中源自未识别模式或误导性情感标记的错误尤其麻烦，正如我们将在下一章所述，我们的思维过程让我们在这些错误影响我们的决策之前发现它们的机会微乎其微。

04　一次一计划

　　山本五十六大将是日本帝国联合舰队总司令,他是一位优秀的将领,也是一位极富魅力和野心的人。尽管山本参与了一些恶名昭彰的项目,并表现突出(也或许正是因为此),他登上了自己的职业巅峰。在战争开始前,他支持国际海军条约,因而日军海上舰队规模比美国和英国的规模小。在战舰被当作王牌的时期,他也支持海军航空部队的发展。他反对和纳粹德国结盟,他已经习惯了出任有争议性的职位,但大多数时候他是对的。

　　1942年,山本领导帝国联合舰队已有三年。他建立了一支由激进的思想家们组成的管理团队,并且经常和海军总参谋部(负责日本海军部队所有事务的官员)、帝国总部(日本海陆空三军最高领导)以及向他报告的官员发生冲突,然而他的位置屹立不倒。战争一开始他就争得一次对美国造成决定性打击的机会,日军成功偷袭珍珠港得归功于他。当珍珠港计划被质疑时,他甚至以辞职作为威胁,海军总参谋部给出的理由是如果美国没有被直接激怒是不会参战的。

　　山本大将认为这种想法不过是一厢情愿,并愿意拿自己的事业做赌注。接下来一年,帝国海军所向披靡,击败英国及荷兰,控制了南太平洋及印度洋部分海域。

现在山本要面对的决策就是接下来该做什么。他的计划是关注夏威夷附近的太平洋中部海域，目标是策划一场对美国海军的决定性打击。在珍珠港，帝国海军没能完全毁掉美军的航空母舰。山本相信这场太平洋战争中的决定性武器就是海军战机，他企图在美国海军强大到赢得战争前逼其航空母舰加入战斗，因此他提出了进攻夏威夷的计划。

任何行动都需要地面军队的支持，然而日军已经扩张过度。军队高层强烈反对任何领土上的扩张，他们感觉日军的资源只够维护当前所占领土。日军控制了大片区域，从北部的中国东北一直延伸到南部的所罗门群岛，从西部的缅甸一直延伸到中太平洋的复活岛，军队高层斩钉截铁地否决了夏威夷进攻计划。

但是山本大将是个不轻易打退堂鼓的人，他继续计划一场中太平洋战役。由于需要地面军队的支持，夏威夷战役不可能实现，于是山本将攻击目标转到中途岛，夏威夷列岛西端的一个小珊瑚岛，离瓦胡岛有一千多英里。他估计如果没有一番血腥厮杀，美军不会轻易放弃中途岛：中途岛是美军重要的航空母舰基地，航空母舰从这儿出发前往西太平洋巡逻。

一次重要的海战可以给日军制造炸沉美军航空母舰的机会，并赢得太平洋最后的控制权，强迫美国坐下来和日本谈判。对山本大将来说，这是一次决定性的战役。结果表明中途岛海战确实是一次决定性的战役：一场给日军太平洋战场胜利画上句号的战役。

更高级的计划

山本的计划受到帝国总部以及海军总参谋部的强烈批评。反对理由有三：第一，日军自从珍珠港以来的胜利源自陆基飞机掩护下的扩张，而中途岛在美军陆基飞机的掩护范围内，因此袭击中途岛对日军不利。第二，美国潜艇部队力量强大，守卫中途岛将非常困难。第三，知道自己可以随时夺回中途岛的美军不会加入海战暴露自己，除非他们胜券在握。

海军总参谋部总结说切断澳大利亚的供给线明显是更为合适的替代策略。山本大将做出如下反应：他派手下的参谋前往海军总参谋部和他们辩论，他驳回了西南太平洋计划，给出的理由是切断供给线的最佳方法就是毁掉保护供给线的军队。同时，他指出如果美军放弃防卫中途岛，那么日军可以不损失一兵一卒就取得胜利，这将打击美军的士气，并更有可能带来和平谈判。此外，他反驳的态度坚决，显然意味着如果计划得不到支持他又做好了辞职的准备。在压力下，他的上司们退步了，中途岛海战的准备工作如火如荼地开始了。

接下来一个月，最有趣的是1942年5月1日至5月5日在大和号战舰上举行的军事演习，如果客观地观察，会发现演练暴露了中太平洋计划的许多缺陷。

当扮演红队（美军）的军官选择了会暴露该作战计划缺陷的战术时，总裁判即山本大将的总参谋长对其予以否决。红队曾经选择了与后来战争中美军实际采取的相似战术，他们比预期提前到达中途岛，给日军航母造成严重破坏，并击垮日军登陆部队。演习总裁判却判定这些战术美军不可能使用，他逆转损失，坚持红队必须根据日军预期的类似战术进行演习。

另外，当日军舰队受到美军陆基飞机攻击时，负责这场演习的裁判根据炮弹命中次数决定相应的损失程度,他做出了14次命中次数的判断,这样将令日军损失2艘航空母舰。裁判长再一次进行干预,将命中次数减少为3次。

尽管存在这些以及其他许多警告信号,中太平洋海战计划基本上原封不动。5月底,日军舰队从柱岛海湾出发前往中途岛。6月14日,一支千疮百孔的舰队返回,日军一败涂地。

帝国海军损失了自己最强大的武器,即航空母舰战队的优势。在中途岛海战前,日军航母以6∶4占有优势,海战之后,美军以3∶2夺取优势。此外,日本海军航空部队遭受重创,损失了140位飞行员以及720位技师。山本大将选择这一战略计划的目的是给敌人带来这些重创,相反,这些后果得由他自己的海军承受。

那么,为什么山本大将以及联合舰队的官员们执著于这个存在诸多缺陷的战略计划?为什么这一战略计划中的缺陷没有得到适时的暴露?这些答案会成为许多书的主题,也将成为历史学家讨论数年的话题。我们相信山本是第三种思维习惯的典型例子,这种习惯会增加错误决策的可能性,即:一次一计划的决策过程。

如果我们的大脑能够自然地质疑和挑战我们的评估和判断,或者能够比较不同的备选方案——正如大多数决策科学家建议的一样——我们将更好地发现自己思维中的错误并进行改正,就算我们最初的想法受到一种或是多种红旗警示情况的影响,我们也能够做出正确的决策。

然而,我们做不到,我们的大脑不是这样进化的,我们的大脑没有强大到可以质疑我们对某一情况做出的最初评估,也不会自然地处理多个备选方案。经过进化,人类大脑的运作过程如下:评估情况,得出一个行动计划，然后评估该计划。只有当计划评估暴露问题时我们才会回到原点重新寻找避免该问题的另外一个计划。

我们如何做决策

加里·克莱因研究决策已有 20 年，他把自己的研究称作"自然主义"决策研究，因为他进行的是实地调查而不是临床试验。他于 1998 年出版了一部了不起的著作《力量的源泉》，在书中他提道："我曾在消防站过夜，曾躺过重症监护室，也曾操控过 M-1 坦克、美国海军宙斯盾巡洋舰、黑鹰直升机以及预警飞机。"

克莱因是一位小心谨慎的研究者，对研究结果不会夸大其词。他相信自己明白"经验丰富的决策者"会如何面对"高风险、不充分的信息、不明确的目标、混乱的程序、识别模式的需要、复杂背景下的高层次目标、压力、多变情况、团队合作以及时间压力"。同时，他也相信在没有时间压力的情况下自己的发现同样站得住脚。换句话说，他研究的情况和山本大将面对的情况是类似的。

克莱因首先将消防员作为研究对象。之前，他曾经采访过一名经验丰富的消防指挥官，他向其解释说自己想研究决策过程，消防指挥官问他所指的"决策"是什么意思。他回答说决策就是从各种选项中做出选择。消防指挥官反驳说自己不做决策。克莱因很惊讶，他指出消防指挥官必须经常面对需要做决策的情况，比如自己和队员们应该做什么。然而消防指挥官争辩说自己不做决策：他不会从选项中做出选择，面对情况的时候，需要做什么他就做什么。

克莱因只有在完成了自己的研究之后才明白这段似乎互相矛盾的话。克莱因发现有经验的人大多数时候是无意识地做决策。

他们评估当前情况，从记忆中提取相似经历，但是评估过程经常是无意识进行的。然后，他们从过去行动记忆中选择一个行动方案，对这些记忆的搜索同样是无意识的。最后，他们想象采取了该行动会发生什么来测试这一行动方案的实用性。这一想象的过程是决策过程中唯一属于有意识的部分。克莱因的发现如下：大多数时候，我们是在使用经验、直觉和想象无意识地做出决策。通常情况下，我们不会有意识地分析，不会辨别和比较不同选项，也不会挑战假设及最初的评估结果。

克莱因给出了一个例子：一座四层公寓楼的地下室起火。消防指挥官到达后既没发现烟雾也没发现火势，他发现一扇通往地下室的门，于是进入，却看见火势向上蔓延到了清洗衣物通道。他立即派消防员上楼以到达火势上方并朝其喷水。之后，他解释说他判断出火势直接向上竖向蔓延，而且现场没有烟雾的迹象，说明建筑物是刚刚起火，因此他计划在火灾变得更严重之前到达火势上方。不幸的是，消防员每上一层楼，火势总是在他们前面。

消防员回报情况，消防指挥官绕到建筑的前方重新评估，发现屋顶下有烟雾涌出。于是他迅速调整计划，让消防员开展搜救工作，命令消防队将所有人救出公寓楼，并打电话要求增援。事后他被问到为何做出这一决策时，他解释说火势应该是刚刚到达衣物通道的顶部，并且在屋顶下燃烧，这种情况非常危险，因而改变了计划。

克莱因注意到一个问题，"决策在哪儿？"消防指挥官没有在任何一刻比较选项，但他显然做出了决策，只不过他没有从各种选项中进行选择。从头到尾，他都知道自己应该做什么。他审视情况并做出决定，没有任何明显的中间步骤。

结果表明消防指挥官很少比较选项，他们只有面对"完全不熟悉的情况"时才会比较选项——换句话说，这时候他们无法提取相关经历。当他们觉得自己基本能胜任时，直接跳到答案部分。在克莱因研究的156个决策中，只有18个决策是消防官考虑选项后得出的，有138次他们直接得出计划，然后执行。

这些发现在其他许多不同场合及机构中也得到证实，因而对决策非常重要。当我们觉得自己有相关经验时，我们通常不会过多地分析，直接做出决策。当然不是所有决策都这样，也不是每一个人都这样。有时，比如购买电器或是房子时，我们面对着许多选择，不去考虑各选项是很难做到的。有些人天生善于分析，同时享受列出不同选项并权衡其利弊的过程。然而，正如克莱因在许多不同环境下所展现的研究结果，极大多数时候，我们利用一次一计划过程做出决策。

预识别决策

我们的实地调查充分证实了克莱因的结论。我们和最佳决策的决策者本人接触，发现80%的情况下他们似乎都没有仔细地衡量选项，而是直接判断出正确的行动方案，山本大将显然也属于这种情况。我们也对自己在研究项目中所做的决策进行了监控（如研究多少个案例，如何视觉化地展示我们的模型，书中一共多少章节等），我们发现自己也遵循一次一计划原则。

克莱因将这一决策过程称为预识别决策模型（RPD模型），这一模型与依赖于比较备选项的传统决策模型形成对比，克莱因使用这一称呼的目的是想让人们明白通常情况下决策过程会由我们的潜意识识别机制预备好，这些机制也会影响决策过程的其他部分。

我们同意决策过程始于以模式识别为基础的评估，这个过程最有趣的特点就是我们的大脑生来一次只能评估一个行动计划，我们生来不会列出选项并衡量替换方案。我们依靠大脑的无意识层将行动计划传达至大脑的意识层，接着再评估计划是否可行，之后才会考虑其他计划。如果我们觉得自己第一个计划可行，我们通常不会再考虑其他方案，就算我们考虑，也不会予以重视。我们将这一模型命名为"一次一计划过程"（图4-1），这一模型和克莱因的预识别决策模型（RPD模型）一致。

首先，我们接收感觉输入，接着我们的模式识别过程从过去经验中搜寻相似的记忆，同时，我们的大脑提取过去经验的情感标记，比如，消防指挥官看到火势开始朝衣物通道蔓延的时候，根据过去所接受的训练及经验做出评估，他需要迅速做出行动，但还不需要做出关乎生死的行动。其他人将这一步骤叫做"限定问题"，这是决策过程的第一步，我们对所发生情况及需要何种反应进行评估。

一旦评估完毕，我们似乎会检查自己的想法。我们寻找克莱因所谓的"线索"：

如果评估正确的话，我们期望看到什么，如消防指挥官发现失火现场烟雾不多，这就证实了火势才刚刚开始的判断。这里很重要的一点是我们不会积极地寻找证明判断不成立的信息，而且这一检查过程基本上也是无意识的。换句话说，我们不会有意识地停止思考并检查之前的评估，

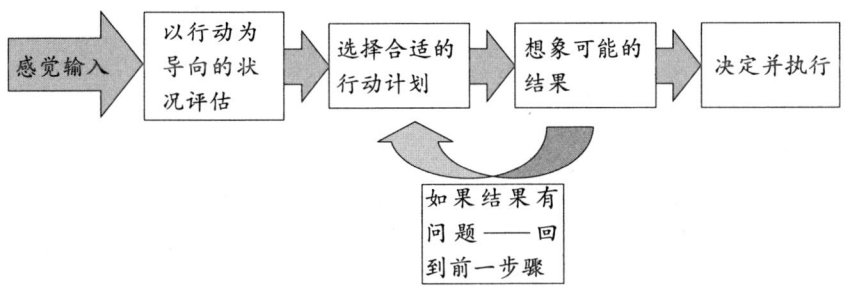

图 4-1　一次一计划过程

但是如果当前的评估并不能带来期望的结果，我们的潜意识会提醒我们；如果意料之外的情况发生，比如消防员报告说火势已经蹿到了他们前面，也同样算是提醒。

现在我们有了评估，我们开始思考行动计划。但是我们一次只能得出一个计划。消防指挥官的第一个想法是派队员到火势上头去，他并没有在脑海中将这一计划和其他可选计划进行比较。我们想到的第一个行动计划来自潜意识，是潜意识搜寻类似情况记忆及其情感标记之后得出的结果。

得出一个计划之后，我们会通过想象将会发生什么有意识地检查这一计划。为了完成这一模拟，我们挖掘出事情会如何发展的理论：也就是我们依靠学习和经验建立起来的模型。我们利用这些模型想象该计划可能带来的结果，然后提取与这些结果相关的情感标记来衡量这些结果。带有消极情感标记的结果意味着该计划存在问题。

如果发现问题，我们会重新开始，寻找另外一个计划。选择另外一个计划的过程和前一过程一样，我们的潜意识扫描之前计划的记忆，并得出一个不存在问题的新计划，当然这个新计划依然和我们的行动方向有着积极的情感联系，接着潜意识将其传达至大脑意识层。然后，我们重复模拟过程，通过想象可能发生的结果来检查这个新计划。

专家很少需要考虑一个以上的计划，正如消防指挥官，他第一个计划就很好。当我们得出可行的计划时，我们就完成决策；我们不会觉得还需要考虑其他计划，当然除非有同事向我们提出其他计划。我们做决策时，最后一个步骤就是基于我们的承诺水平给该决策打上情感标记。

这个标签的功能很可能是：我们在想象了将会发生什么的基础上，对该计划的信心以及我们对预期结果的积极情感。（一次一计划过程完整分布图见图 4-2）

那么一次一计划过程中红旗警示情况如何扭曲我们的思维？

误导性经验最有可能在情况评估阶段干扰我们的思维，不管我们对模式识别错误还是模式的情感标记给我们提供了不合适的行动导向。但是误导性经验同样会导致我们选择不适当的计划或是对结果做出错误判断，因此有"将军们总是在打上一场仗"的说法。

误导性判断最有可能在我们评估结果时扭曲我们的想法，它们让我们忠于错误的计划。但是它们也会让我们对情况产生误判或者是执著于某一个特定行动计划——经常是过去有效的计划，因此有"对于手里有锤子的人来说，所有的东西看起来都像钉子"的说法。

不适当的个人利益和**不适当的情感依附**最有可能影响我们对结果的评估方式：它们可以通过给错误的计划打上积极的标签让我们执迷于它。但是在前面的过程中它们也会干扰我们的思维，它们会将我们引向不恰当的计划，因为它们会影响我们给过去计划附上的情感标记，它们甚至

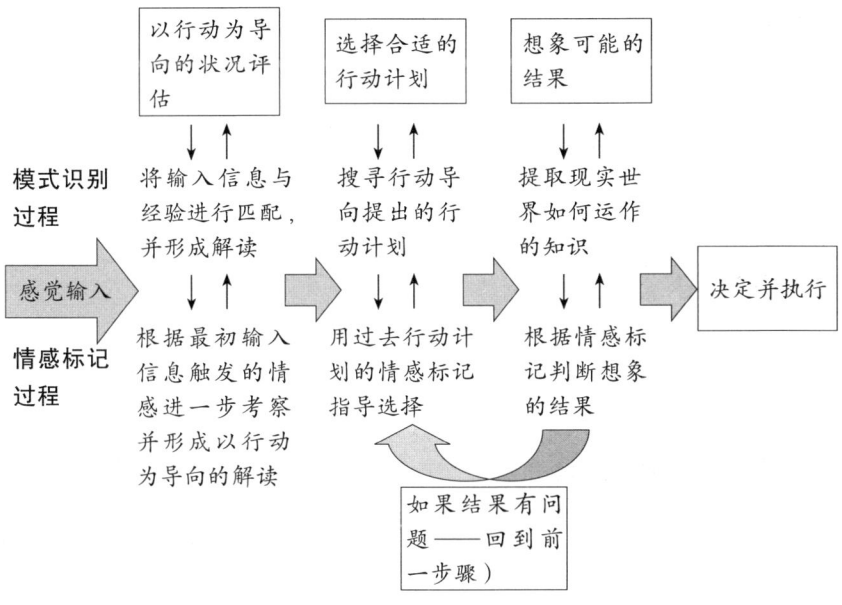

图 4-2 一次一计划决策过程

会通过让我们过多注意个人利益和情感依附影响我们对情况做出的评估，因此有"当一个人束手旁观就能收获满额薪水时，让他做事是很难的。"的说法。

一次一计划过程要做出决策并得出一定的承诺水平，过程中需要涉及模式识别和情感标记，不幸的是，这个过程的设计并不完善，它不会挑战并纠正我们的评估和判断。只有当重要的线索缺失或者是很难想出带来积极结果的计划时，我们才有可能质疑自己的起始方向。我们只有在想象后得出负面结果时才有可能质疑我们最初的行动计划。最后，如果我们误判了结果，整个过程并不会让我们重新审视这些判断。换句话说，我们的思维过程设计如下：只有在我们拥有足够的相关经验并且我们的判断是正确的情况下它才能够帮助我们，但是如果我们对该做什么几乎没有前期知识积累，或是我们的记忆或情感将我们的思维引向错误的道路，那么思维过程并不能帮助我们处理不明确的情况。

山本大将的决策

现在，让我们试着了解山本大将如何通过一次一计划过程做出决策。

进行以行动为导向的情况评估

山本大将接收的信息输入如下：日军在太平洋获得胜利，美国的航空母舰仍然是一个威胁的事实，以及接下来几个月对帝国海军要求的松懈。他做出的评估就是帝国海军需要一个新计划，最高目标就是压制美国海军。

山本是如何得出这一评估的？他的方法和消防指挥官将火势评估为刚开始蔓延至衣物通道一样：通过对输入信息进行处理，运用经验得出解读。这一过程基本上是无意识的。

让我们将山本的评估拆开来分析。他所做评估的一部分是美军的航空母舰是长久的主要威胁，他对这一问题的关注可能源自他所接受的训练，因为他是发展帝国海军空中力量的最大功臣，也因为他在太平洋战争中看到了自己航母的威力。这些原因结合起来就让山本给"敌人航母"打上了很强的负面情绪标记，促使他得出"必须做些什么解决它们"的行动方案。

他所做评估的另外一部分虽然无法从表面得知，但却是其行动方案的支撑，那就是进一步打击美军或许可以让美军坐下来谈判，而不是陷入长期战争的深坑。为什么山本就是意识不到不管美军有没有航空母舰，对日军都会是巨大的威胁？为什么他注意不到美国强大的经济后盾可以让美军比日军更快速地补给装备和日军进一步对抗？我们又可以从经验的角度给出解释，山本——可以说日本在近代历史上——从来没有对抗过美国这样经济强大的国家。日本之前的战争都是针对经济不那么发达的国家，因此，很可能没有情感标记警告他美国经济实力的重要性。

山本评估的第三部分是他发动一次大型海战的方案，这一点又可以从他的经验得到解释，山本大将的海军技能是在日俄战争之后学会的。1905年，日本在对马岛获得历史上最具决定性意义的海战胜利，日军以几艘小型船只和一百来位士兵的损失炸沉并缴获几乎所有的俄军战舰。这次海战的胜利经验传递给了年轻军官，那就是主动出击比被动防卫更加重要，发动大型海战必不可少。并不只有日军抱有这样的战略性想法，这也是曾为世界霸主的英国皇家海军的主要策略。

随着帝国海军在太平洋力量的增长，日军更加笃信这些策略。在对中国的战争中、在印度洋战役以及其他南太平洋战役中，激进的海战策略屡试不爽。因此，山本很可能对大型海战的想法有着积极的情感标记。

山本评估的第四部分是他对大型海战的推测，这一推测部分归因于意识的理性计算：战争的这一阶段，帝国海军实力比美军强。但是这个推测很可能也是无意识的情感判断，日军已有数年未吃过海战败仗，而山本也从未在大型海战上失算，他的情感很可能告诉他这一次依然能够获得胜利。

这些评估的最终结果就是山本将这一情况看作将美国海军引入一场决定性战役并为日军带来最后胜利的机会。

选择行动计划

接下来，山本需要一个计划，他认为合适的行动应该是进攻夏威夷，逼美国海军加入大型海战。他为什么会想出这个计划？

我们没有证据证明山本还考虑过其他计划，尽管除了夏威夷他的幕僚很可能还研究过其他选择。因为珍珠港的胜利，山本脑海中对夏威夷可能有着很强烈的积极情感标记，但是进攻夏威夷可能是诱使美军加入战斗最显而易见的诱饵，之前的分析和历史学家的观点都表明山本只关心如何发动大型海战，夏威夷则不那么重要。

想象可能的结果

接着，山本开始想象执行这一计划会带来什么结果，为了做到这一点，他开始提取知识包括如何进行海战、麾下海军的战斗技能、两国海军的实力对比以及将要进行战斗的海域等。他不可避免地受到日军在俄国、中国、珍珠港以及太平洋所取得的胜利的影响，没有发现计划存在什么大问题。事实上，他反复考虑的唯一问题就是美军不参战。因此，他的重心都放在了如何确保美军舰队加入战斗上，没有充分考虑帝国海军能否赢得战役。结果，山本认定夏威夷计划是一个好计划，并将这一计划提交给海军总参谋部，即他的直接上级。

有趣的是，当时海军总参谋部以及帝国总部也有其他计划，其中之一是由进攻改为防守，海军总参谋部的草鹿任一中将就主张这一政策，他相信日军应该巩固所得战果，建立强大的防御力量以抵抗美军的反攻。他相信如果日本的抵御力量足够强大并且不对美国的地盘造成额外威胁，美国会打消长期太平洋战争的念头。

第二个计划来自帝国海军总部的官员，针对的是印度洋。根据计划，日本将攻打驻扎印度的英军，激起印度起义，通过中东长廊开辟一条联系欧洲同盟的道路。令人惊讶的是，该印度洋计划还有地面军队支持，只要印度起义反抗英军，日军不需要多费兵卒，同时还有可能为日本打开一条来自欧洲同盟的支援之路。

第三个计划是切断美国到澳大利亚的供给线，从而让美军无法在澳大利亚建立军事力量。负责西南太平洋的井上成美大将，坚定地拥护这一计划。1942年春，美军向其负责的战区进行了两次大胆的突袭，并取得成功。井上大将需要增援，海军总参谋部也认为这个计划优于山本的计划。

山本对其他计划完全不放在心上，草草评估了事，他继续推行夏威夷计划，直到日军拒绝支持该计划，他才重新考虑。当时，山本没有仔细地检查其他可选计划，只是继续将注意力放在大型海战的想法上，因此他回到一次一计划过程的计划选择阶段，总结出另外一个让美军加入大型海战的方法，一个不需要地面军队支持的方法。他得出一个新计划，那就是进攻中途岛。虽然进攻夏威夷的计划夭折，山本似乎并没有重新考虑最初关于大型海战的评估和方向。相反，他开始寻找一个不需要地面军队支援来发动大型海战的方法。

他又要使用和夏威夷计划相似的思维过程重新想象可能发生的结果，他得出结论，那就是日军能够获胜。他从来没有想象过失败，只担心美军拒绝参加中途岛海战，这时候，他只想着日军在没有损失的情况下占领中途岛，进一步打击美军士气。

做出行动承诺

接着山本开始为中途岛海战准备,并劝说上级及同僚,让他们相信这是一个正确的计划。在他的脑海中,他是决策人,而且他很可能为这一计划打上了强烈的积极情感标记,这一强有力的承诺以及他已经习惯了排除异议推行自己决策的事实都让他对上级的反对意见置之不理。山本明白上司们的担忧,但是这些担忧在他的脑海中情感标记微弱。

他对上司们的意见似乎并不关心,因而都未费心亲自前去和他们辩论,而是派了一个幕僚前去和老板们谈判。

结果山本自己的幕僚取得了成功,在和海军总参谋部的辩论中获胜,于是他给该计划打上了更多的积极情感标记,他的下属目睹了他对该计划的投入,因而才导致大和号战舰上的军事演习出现尴尬局面。

山本的无意识

我们相信山本大将这样的领导者在面对重要决策时,主要通过模式识别和情感标记这两大无意识过程来评估情况并辨别出合适的行动计划。不管是一个战斗计划、一场建筑大火、一次新技术投资还是一次新的任命,他们接下来都会通过想象来检测计划的质量,只有当他们在计划中辨别出重大缺陷时才会进行调整。一旦得出经过思维模拟的计划,他们相信自己得到了正确的答案,并为该计划全力以赴。

在我们的研究中,我们多次注意到一个行为,那就是许多领导者没有充分考虑其他可能解释就对情况做出了判断,而且他们不会列出所有的选项或弄清楚各选项的选择标准就得出了行动计划。通常是由他们的下属对计划进行测试并进行更加详细的分析。但是，因为下属们知道领导者已经有了主意，他们会忽略一些选项，也会对分析进行操控（正如中途岛海战计划中的军事演习）。

关键的一点是我们一次一计划的决策方式并不会给我们反复检查和抵御思维错误的机会，当我们的经验、知识和情感标记引导我们走向正确答案时，它是一个高度有效的过程。但是，这个过程的设计并不完善，不能帮助我们质疑和挑战自己做出的判断。

因此，当红旗警示情况存在时，我们需要在过程中设计一些步骤以抵御决策错误。我们将在第二部分更加详细地介绍红旗警示，在第三部分讨论防御机制以及如何有效地选择这些机制。

Think Again

第二部分
决策错误的原因

05　误导性经验

20世纪80、90年代，克莱夫·汤普森爵士是欧洲最成功的公司之一——能多洁公司（Rentokil）的CEO，汤普森不止一次被评选为英国最优秀的CEO，而能多洁也多次荣膺英国最佳运营公司。

汤普森为能多洁创造了独特的企业文化，既有纪律又有创业精神，他关注市场，包括害虫防治以及办公室盆栽等，寻找任何有可能给公司带来额外利润的机会。他成为著名的"20%先生"：成功让公司年利润的涨幅保持在20%。

到20世纪90年代初，汤普森负责掌管能多洁已有十多年，公司的增长来自增加额外利润、获取市场份额以及小型附加收购的持续结合。他经营零碎且分散的市场，那里的竞争者比较弱小，而且大多数正在低价出售。十年间，公司完成了130次收购。

此后，为了继续维持公司的增长率，汤普森开始寻找大型交易。附加收购并不足以让公司维持过去几年那20%的涨幅，他于1994年收购了Securiguard公司，将能多洁的规模扩大了30%，接着于1996年收购了BET公司，这一次能多洁的规模扩大了一倍不止，收购还让公司有了新名字，叫能多洁荣业（Rentokil Initial）。

不幸的是大型交易并不成功，"20%先生"摔了个大跟头。股价跌了一半，接着又跌了1/4。汤普森尝试卖掉一些已收购的公司，让公司回到原点以恢复元气，但是为时已晚。他辛苦建立起来的企业文化已经遭到淡化和破坏，回到原点已经不可能实现。他尝试将指挥权交出去，自己担任权责较轻的董事长之职。结果，董事会要求汤普森暂时离开会议，好让主管们讨论他的职位事宜，回到董事会的汤普森被要求辞职。

是什么导致汤普森改变了一向应验的策略？他在想什么？肯定会有人给他提出合理的建议，告诉他存在的风险；股东们肯定也会向他提出尖锐的问题。事实上，在收购战的过程中，BET的管理团队提供了一份论证充分的反收购文件，指出收购存在的风险，后来大多数风险都得到证实。汤普森为什么看不见自己要冒的这些风险，赌上自己一手经营起来的一切？

经验的影响

这个案例和我们许多出现错误的策略案例一样，有很多可能的解释。汤普森很可能有一个预判，那就是20%的涨幅目标至关重要，为了达到这个目标，他可以承担高风险。汤普森可能也受到个人利益的影响，他所持股票期权的构成很可能激励他承担高风险。然而，看上去最符合汤普森想法的解释应该是他被经验所误导：他的模式识别导致他认为大型收购类似于自己过去10年里完成的诸多成功的小型收购。游鱼和飞鸟，他只看到了前者。同时，他对交易和承担收购带来的风险都有着强烈的积极情感。

当汤普森向管理者们提出了 BET 交易计划后，不断有人提出质疑，管理者们担心他太过冒险。作为回应，他解释说能多洁已经完成了一百多次收购，他需要额外的交易让强势的管理团队保持运作，他说："我需要更多的红肉喂我的狮子们。"他也提到了自己关于风险和利润的考虑，结论是风险值得承担。但是，对听众来说，这个解释听起来片面、不充分，他们觉得汤普森并没有全面地考虑这个问题。他似乎只是通过某个环节而没有仔细地评估风险和利润就做出了判断，他似乎只是把大型收购和先前 130 次交易比较了一下就得出结论，认为成功是可能的。

但是这个案例涉及的不仅仅是存在缺陷的模式识别，汤普森同样利用了某种强烈的情感联系。他开始讲故事时，整个人充满活力。他讲了一个与风险有关的故事，汤普森在十几岁的时候就获得两个公司的股份，其中之一是市场宠儿史莱特·渥克公司（Slater Walker），这家公司收购业务并对其升级，就像现在的私募股权基金，公司的股票快速上涨。但是后来公司倒闭了，汤普森所有的钱都亏光了。

另外一家是信任之家·福特集团公司（Trust House Forte），一家经营酒店的雄心勃勃的公司。其创始人查尔斯·福特执行了许多大胆的酒店和餐饮收购计划，并取得成功，公司的股票价格翻了两番。汤普森说这个故事激发了他对收购和风险的兴趣。

他也喜欢在人多的场合讲述交易过程的刺激：初期的晨会；和投资银行讨论投标策略；给银行太多权利的危险；为投标文件制定论点；以及清楚地知道辩护方也正在进行同样的过程但很可能没有我方经验充足的事实。

他也回忆起等待股东投票结果的激动，收购 BET 的时候，能多洁在截止时间前几分钟成功交易。当时,一位年长的书记员蹒跚地走进计票室,提交了一大堆对能多洁公司有利的投票,那些投票改变了结果,那是一场侥幸得胜的战斗。汤普森当时就站在计票桌旁,看着书记员走进来,他推测如果这个书记员摔倒或者是突然犯病的话对他个人来说意味着什么。如果书记员摔倒或者是突然犯病,那么他手里的选票将错过时间,正如汤普森推测的,能多洁董事会一定会叫他辞职。

讲完了这些故事之后,汤普森两眼发亮,开口说道:"做一天的狮子也好过做一辈子的羔羊。"换句话说,汤普森对风险、追捕的刺激以及胜利的兴奋都有着强烈的积极情感,这些情感激励着他。先前经验给他的情感标记在这些大型收购交易中很可能对他造成了误导。他知道要承担很高的风险,但是由于之前的收购经验,他很可能低估了风险,而且由于他对进行交易有着强烈的积极情感,他轻易就得出这些风险值得承担的结论。

无意识的误导

能多洁可以说明我们第一种红旗警示情况:误导性经验。当我们的记忆包含和当前情况相似却又存在重大差异的经验时,我们对当前情况的看法会被误导,对行动方案的选择也会步入歧途。比如,汤普森之前的收购对象都不是 Securiguard 或 BET 那样的大型上市公司。我们经常会犯这样的错误,但是如果我们能够更进一步审视情况、想象一下我们的行动将怎样开展,或者获取更多的信息,大多数时候错误是可以被发现的。然而,尤其当我们过去特别成功的时候,如汤普森,我们经常认定自己的行动会获得成功，而且我们会发现很难去质疑自己并改正错误。

那么我们怎么知道克莱夫·汤普森爵士受到了误导性经验的影响？我们不知道。事实上，棘手的一点是汤普森自己也不知道，这些过程是无意识的。此外，我们大脑的理性部分非常有创造力，如果受到挑战，它会为我们直觉做出的决策提供理性解释。这种解释对客观听众的说服力可能并不够，但是它可以说服给出解释的主体，换句话说，决策受到模式识别和情感标记影响的人并不认为自己受到了影响。

误导性经验是导致错误决策的常见影响因素。在我们的数据库中，误导性经验是主要的影响因素，有 2/3 的案例归因于此。马修·布罗德里克对"卡特里娜"飓风的反应受到他对袭击陆地的飓风的经验的影响，但是陆地在海平面以上而不在海平面以下。王安对推行专用文字处理机对抗 IBM 有着正面的经验——但是当他用同样的方法开发个人电脑时却失败了。山本大将提出在中途岛进攻美国海军的决策同样受到个人经验的影响，以及那些使用同样战术击败俄国海军和中国海军前人经验的影响。桂格董事长将收购思乐宝误认为是和收购桂格相似的机遇，结果才发现思乐宝的不足，和批发商独特的关系以及不同寻常的文化，思乐宝和桂格迥然不同。

误导性经验并不总是误导决策者，如果决策者有着充分的相关经验，他或她就不需要用到误导性经验，或者有可能纠正最初的错误。佳得乐和思乐宝可能看起来很相似，但是任何一个在思乐宝那种古怪的企业环境下工作过的人可以迅速发现两家公司的区别。桂格管理层本能地想要将思乐宝"佳得乐化"，相关经验充足的人能够看出整合两家公司的艰难。

他们本该在最初的时候让思乐宝独立，解决运营问题之后再有选择地进行业务整合。过去的经验只可能误导那些相关经验不充足的决策者。因此，缺乏充足的相关经验是打开通往误导性经验之门的前提条件。

危险的捷径

两种偏差效应得到了临床研究的证实，这两种效应为我们的观点提供了证据，那就是决策者经常被他们的经验所误导。

第一种偏差效应叫做可得性启发法，启发法就是大脑解决问题所使用的方法或捷径。根据可得性启发法，我们会根据某一事件在我们记忆中轻易"可得"的次数和概率，对某一事件的频率、可能性以及可能的原因做出判断，我们不会仔细地评估所有数据。一份记忆"可得"可能是因为它能激起情感、形象、容易想象，或者具象化（而不是没有情感、平淡、难以想象或者是模糊）。可得性启发法主要与情感标记有关，形象的、激发情感的或者是容易想象的事件很可能带有情感标记，因此大脑更有可能将其作为关注的焦点，而不是那些带有中性情感标记的相关事件。

在一项实验研究中，有人向受试者念出一长串著名男性和女性的名字，两组人听到的名单并不相同，其中一张名单中，女性相对来说比男性更加著名，但是名单中男性数量比女性更多。另外一张名单中情况刚好反过来，更多女性的名字，但是男性更加著名。

名单念完之后，两组受试者要决定名单中男性多还是女性多。结果，两组给出的答案都是错的，他们都认为更著名的那类性别人数更多，实际上正好相反。对这一结果的解释就是更著名的名字在记忆中更易得，因此听众会认为名单中那类性别的人数更多。用我们的术语来说就是更著名的名字拥有更强烈的情感标记，因而他们在一次一计划决策过程中会吸引更多的关注。

可得性启发法不仅强化了一次一计划决策过程中我们是用情感标记来集中思维注意力的观点——也表明这一过程存在误导我们的可能性。个人经验比别人告诉我们的或者是教科书上学过的更加形象和具体，带有强烈情感的经验比带有中性情感的经验更加易得。换句话说，我们的大脑会为经验找理由，而不会考虑其和当前情况的相关性。显然，经验必须和当前情况相似，但是可得性启发法提醒我们经验可以影响我们的思维，不是由于应当性而是由于可得性。

在能多洁的故事中，有一个例子可以证明这种可得性。能多洁为BET竞标前几个月，格拉纳达（Granada），一家餐饮和媒体企业集团为信任之家·福特集团竞标，就是汤普森十几岁时投资过的那家公司。那是一次令人瞩目的敌意收购，是伦敦证券市场五年以来第一宗大型敌意交易。此外，信任之家·福特集团比格拉纳达公司规模更大，负责这次交易的格里·罗宾逊和查尔斯·艾伦的胆量受到广泛赞扬，业务本质的不同和过度分散的风险似乎并没有难住股东和财经媒体。罗宾逊和艾伦被看成是在这一新领域施展魔法的超能领袖。不出意外，这一交易在汤普森的大脑中占据了重要位置，在解释自己交易计划的时候，他总会提到格拉纳达的收购。显然，这一事件和汤普森的决策有一定的相关性，但是其可得性很可能让它给汤普森施加了更多相关性以外的影响。

可得性启示法还会带来许多副作用，新近性和形象性偏差让我们更多地获取最近的和形象的信息而不是那些更老的、不那么形象的信息，尽管后者可能相关度更高；可回溯性偏差让我们更多地使用容易获取的信息和记忆，甚至在难以获取的信息相关度更高的情况下也如此；假设联系偏差让我们在被问到两件事是否存在联系的时候会寻找存在联系的情况而不会去寻找不存在联系的情况，因此，我们会高估两件事之间的联系。

以上副作用的任何一个都可以看出模式识别、情感标记和一次一计划运作的过程。因为情感标记会随着时间逐渐褪色，因此更新的和更形象的记忆很可能比旧的、更不形象的记忆拥有更强烈的情感标记，并且更能影响我们的决策（形象性偏差）。因为我们一次一计划决策过程在传统意义上并不善于分析，也不够详尽，因此我们会更多地关注容易获取的记忆而不是那些深埋脑海中的记忆（可回取性偏差）。因为我们的模式识别过程通过寻找能够帮助我们判断的记忆而运作，因此当被问到两件事之间是否存在联系时我们会去寻找联系（假设联系偏差）。

错误的类比

第二种效应叫做代表性启发法。可得性启发法描述的是我们获取记忆的方式，代表性启发法描述的是我们推理的方式。当我们面对一个决策时，我们倾向于寻找这一决策和自己之前所做决策的相似方面，然后，我们使用过去决策成功时用到的简化算法或是类比法。然而，我们使用的算法或是类比可能并不适用于新情况，比如，我们会根据过去对人进行分类的方式预测一个人的表现以及其属于哪一类人；我们会根据一种新产品和过去成功或失败的产品类型的相似度预测其成功与否。为了预测思乐宝或是 BET 收购计划是否成功，我们会参照我们已经执行的佳得乐或者是其他收购计划的成功。

代表性启发法会导致一系列的偏差，其中之一是基本比率偏差，人们做决策的时候只考虑一些可获得的信息，而忽略了情况蕴含的未凸显的背景信息（"基本比率"）。其中一个例子就是企业家没能考虑到大多数企业失败了的事实，他们根据自己关于企业的信息判断成功的可能性，而没能考虑到大多数企业失败的背景事实，因此，他们总是过于乐观。

代表性启发法的另外一个偏差是回归均值偏差，如果人们被要求估计企业的未来表现，他们倾向于根据过去的表现做出预测。如果企业现在表现优秀，他们会认为其会继续表现优秀，他们忽略了没有企业能永远表现优秀的背景信息。

和可得性启示法一样，经验是避开这些陷阱的关键。在失败企业待过的人更容易意识到风险，如果我们经历过相似的场景或者有相关的经验可以参照，那么我们被这些偏差影响的可能性要小得多。

辨别误导性经验

误导性经验的概念只有在我们能够提前发现的情况下才有价值。我们需要有能力和决策者一起分析具体决策并决定误导性经验是否会导致决策失衡。如果我们能够做到这一点，我们可以提前发现误导性经验，接下来我们只要强化决策过程减少做出错误决策的可能性。那么我们怎样才能知道经验何时具有误导性？

正如我们在前面所指，如果决策者具有充足的相关经验，他或她通常能够纠正任何有意识或是无意识的误导性想法，因此误导性经验可能成为问题的第一个信号就是决策者对将要做出的决策没有充分的相关经验。如果克莱夫·汤普森爵士之前收购过企业文化不同并且在不熟悉的产业里拥有重要业务的大型公司，那么他所要承担的风险在他的脑海中会占有更重要的分量。如果威廉·史密斯伯格之前收购过陷入困境的饮料品牌并且将其和不同的饮料业务公司整合到一起，那么他可以更好地辨别并且评估收购思乐宝计划中的一些挑战。因此，充足的相关经验是避免我们模式识别和情感标记过程出现错误的最佳保障。

但是我们怎样才能知道决策者是否具有充足的相关经验？毕竟，汤普森已经完成了130次收购，桂格同样也收购并增加了许多消费品业务。答案是关注手头上具体决策中的不确定性。除去不确定性，决策纯粹只是计算而且不需要判断就能解决，是不确定性的存在要求我们做出判断，并因此动用模式识别和情感标记。

在能多洁的案例中，汤普森面对着许多不确定性，而这些方面他没有什么经验。比如，这是他第一次竞标上市公司，他要给出多高的竞标价才能赢得目标？同时，对他收购的业务其属下的经理们也没有什么经验，因为他之前从来没有这样做过。他精心打造的管理方法能否在这些相当不同的业务里获得利润的增长？最终，他收购了BET，一家比能多洁规模更大、文化完全不同的公司，他的管理团队是否能够在不丧失能多洁文化魔法的基础上融合两个企业？这几个棘手的问题中的每一个，汤普森都没有足够的相关经验。

有一点很重要，那就是缺乏相关经验本身并不是红旗警示。决策者在意识到自己在做不熟悉的事情时，他们通常会很小心，并且会准备好合适的决策过程。他们会咨询专家，纳入其他管理者并增加分析。缺乏相关经验的问题在于它会开启通向误导性经验的大门。

因此，一旦你担心决策者对决策中的不确定性没有足够的相关经验，你应该提防可能让决策者做出错误判断的经验。

要辨别这些经验，有效的方法是提防误导性经验的 3 种常见来源，在我们的数据库中，主要由误导性经验导致的决策错误有 75% 以上来源于此，3 种常见来源如下：

- 机构或个人有持续多年的固定策略（该策略和本决策相关）。
- 机构或个人最近有着特别成功或者是不成功的经历（该经历和本决策相关）。
- 有固定的行业策略、一些重要的公认智慧或是最近发生的重要事件（它们与本决策相关）。

比如，在能多洁的案例中，汤普森的目标是依靠收购来保持公司十年以上 20% 的年利润涨幅（固定策略）。最近的成功包括成功的收购以及又一次实现年涨幅 20% 的目标（成功经历）。格拉纳达成功收购信任之家·福特集团对汤普森来说是一次形象事件（重要事件）。误导性经验的三个常见来源都出现了。

潜在的误导性经验多得数不胜数，因此将分析的重点放在那些有可能扭曲决策者判断的经验上会更加有效。比如，依靠收购实现 20% 年涨幅的固定策略，可能让汤普森相信进一步寻求收购对能多洁来说是最好的选择，而这一判断又因为他在能多洁多次实现成功收购的经历和格拉纳达成功收购信任之家·福特的事件得到加强。

在汤普森的案例中，他所有的误导性经验让他产生了同一个判断偏见：收购。在其他案例中，我们可能会发现各种各样的误导性经验——有一些会导致对某个选项产生偏见，另外一些会导致对另外的选择产生偏见。

引导性问题

接下来，我们会仔细地探讨如何辨别误导性经验的问题，要减少它们对决策的影响，我们必须提前对其进行诊断，诊断的方法可以总结为以下三个问题：

1. 该决策中主要的不确定性是什么？

2. 主要决策者是否具有充足的相关经验能够对这些不确定性做出权威判断？

3. 如果问题2的答案为否，那么主要决策者是否具有可能误导其对任何不熟悉的不确定性的判断的经验？

这些问题可以帮助我们辨别出可能误导决策者并导致其思维产生偏差的经验。

误导性经验是导致错误决策的常见因素，我们的研究表明误导性经验有一半以上的时候是导致错误决策的重要原因。一方面，我们不需要为此感到惊讶，因为这方面有大量的科学证据——加里·克莱因的实地考察研究以及涵盖范围广泛的临床研究文献中都能找到——我们不禁为自身的脆弱感到震惊。

对机构的领导者来说，信息十分清楚，那就是误导性经验会破坏决策，这是一种需要关注的重要红旗警示情况。好消息是我们能够辨别出何时自己最脆弱，何时自己最有可能认为自己是正确的事实上却是错的。

　　这里有一点需要弄清楚，如果没有充足的相关经验，你很有可能会用到一些相关度比较低的经验来帮助自己解决某项做决策绕不开的重要的不确定性。

　　当你这样做时，你被这些相关度低的经验误导的可能性非常大。通过辨别这些经验，尤其是那些可能影响你选择的经验，你可以弄清楚哪些经验是最需要担心的红旗警示。接着，你可以集中注意力寻找方法强化决策过程，抵御这一可能扭曲判断的影响。

06　误导性预判

史蒂夫·罗素是英国最大连锁药妆品牌博姿（Boots）的联合管理董事（1997—2000年）以及首席执行官（2000—2004年）。他作为公司的领导者，曾经历了一段混乱的时期。多年来，"博姿药妆"家喻户晓，以占有最大市场份额和高利润而自豪，每条英国的商业街上都有博姿大型零售点。但是公司的主导地位让其进一步发展的空间受到限制，而且更令人担忧的是，超市连锁店正在扩大药妆产品的规模，争夺市场份额。

罗素成为联合管理董事的时候，博姿已经尝试了许多不同的方法寻求发展。其中一个策略是收购其他有发展潜力的英国零售业务，另外一个策略是将药妆业务扩大到其他国家。第一个策略并不成功：新收购的业务运营不善，随后被出售。第二个策略似乎也没有多少成功的希望。

"至少有10年，我一直相信博姿能够从药妆进入医疗领域，"罗素解释道，"我能看到博姿为整个国家提供医疗服务的画面，我所有的研究都在告诉我英国有额外医疗供应的潜在需要。20世纪80年代末，当我还是博姿的采购总监时，我就为博姿规划了这一目标。因此，当我成为CEO之后，我下定决心要实现它。"

罗素的计划定位于博姿的医疗和美容业务的基础之上，他关闭了一些不相关的生产线，扩大了医疗业务范围，推出额外的医疗保健服务，比如牙科、手足病治疗以及旅行免疫服务，其中一些服务安排在零售店的空余位置以节省空间。

关注医疗和美容业务得到了广泛支持，但是有些人反对进入服务行业。一些董事会成员对此反应不冷不热，伦敦和纽约的金融界对此则半信半疑。罗素解释说："在伦敦，他们争辩说我们应该关注核心业务。在纽约，他们对发展的可能性激动万分但是又对风险表示担忧。"

"这些影响因素并没有让我更加小心，我知道小心成不了大事。如果想在这种上市公司中做出改变我必须努力拼一把，我认为自己的职责是让博姿向前发展，老实说，如果人们想要别的什么，我不会是他们中的一分子。我管理博姿不是为了钱，尽管关注金钱的逻辑似乎压倒一切，但金钱不是我的初衷。我担心的是公司正处在丧失希望和雄心的边缘。"

对博姿和罗素来说，不幸的是尽管其医疗和美容地位稳定，向服务业的扩张策略却失败了。罗素事后评论说："问题出在了执行上，我们对于如何让这些服务业务运作并不了解，我们不应该什么事都全靠一己之力。"然而，其他管理者却表明博姿试图进入的许多服务业根本上来说是利润低的行业。

为什么史蒂夫·罗素对服务业策略如此热情？为什么面对质疑时他还能处之泰然地"拼一把"？为什么他没预料到破坏成功的执行中的挑战？答案至少部分存在于10年前还是连锁店采购总监的他所做的预判中。

他判定博姿可以通过"为整个国家提供医疗服务"而巩固并加强自己在零售业的地位，而这一图景包括向医疗和健康服务业扩张。

引我们入歧途的标记

预判通过我们给思想打上情感标记的方式而影响决策。在决策过程中，这些情感标记帮助我们理清对任何情况的多种可能性解读，提供可采取的多种可能行动路线。情感标记加快了我们的模式识别和判断过程。

我们面对看起来熟悉的情况时，会提取自己先前关于该情况的知识，如果我们先前对该情况或者是对该情况下什么才是合适的行动做出过判断，这些判断会在我们的思维中先入为主。此外，我们对这些判断的情感标记越强烈，它们就越会影响我们的思维。如果我们和罗素一样，由于竞争者的威胁而担心公司的发展，而且对公司必须在规模和范围上继续扩大带有强烈的情感标记，我们很可能认为当前的情况是必须在不同的发展策略中做出选择，我们不可能做到以不同的视角重新思考问题——比如提高公司价值不同方式之间的选择——不同的视角包括对销量及副产品的考虑或是对核心业务的重新聚焦。如果有人提议说我们应该考虑重组我们的核心业务，我们很可能对此产生强烈的负面情绪，从而导致我们大脑新皮层针对这一提议产生反对意见。

就算知道我们今天所面对的情况和我们之前判断过的情况存在一些重要差异，我们仍然会因其相似性联系之前的判断。尽管想要让自己具有客观性和分析性，我们无法阻止"发展是好事"这一预判的情感标记影响我们的决策。

我们考虑相关问题和机遇时，带有强烈情感标记的预判会吸引我们的注意力，因此它们会影响我们的判断。如果新情况和以前不同，这些预判会让我们的思维停在不适当的地方，破坏我们的客观性并让我们在情况发生变化之后很难重新把事情想清楚。

日常小事中也可以看出这一过程的影响，如果一个人事先做出"我怕狗"的判断，就算他知道狗不会对自己造成任何伤害，看到狗还是会感到害怕并且后退避开狗。我们三位合著者中其中一位的妻子小时候有过一次可怕的经历，一只狗扑过去舔她。事到如今，虽然她觉得养只狗的主意不错，但是每次狗接近她，她都向后躲。和这些预判联系在一起的情感标记力量强大并且会凌驾在理智之上。

罗素的决策是解释预判影响力的经典案例，但并不是说他没有进行分析或是忽视了其他备选方案。罗素手下有咨询师，在思考的过程中会将经理们纳入进来，而且还有一位擅长分析的战略主管参与其中。然而，他出现的偏差是以预判为基础的，他自己有清楚的解释："我认为自己的职责是让博姿向前发展，老实说，如果人们想要别的什么，我不会是他们中的一份子。"这些预判很可能影响了他后来所做的决策。

胡佛总统面对的大萧条

让我们来看看另外一个例子——这次的案例来自政界。1930年春，美联储及总统赫伯特·胡佛面对着经济严重下滑的局面。美国经济从1929年春开始走下坡路，1929年秋天的华尔街大崩溃导致经济进一步下滑。而1930年春，经济开始螺旋式下降，企业破产、银行倒闭以及公司裁员接踵而至。而执政者做了什么？胡佛削减了政府开支并增加税收。想不出还能有什么政策比这更能让国家进入大萧条的了，就算大萧条是政策制定者的本意也是如此。

事后我们知道对政府来说聪明的策略是增加开支并降低税收。然而，令人惊奇的这一策略在当时是显而易见的。华尔街大崩溃之后，胡佛总统在和商业领袖们进行的一系列会议中鼓励他们继续进行资本投资，维持薪资水平，最初的他甚至例行公事般地降低税收。但是对强势货币以及预算平衡重要性的预判让他在制定政府政策时和自己的建议背道而驰。

生于加拿大的哈佛经济学家约翰·肯尼思·加尔布雷斯是一位多产作家，他写了一本书，在书中提道："预算平衡虽然不是思想的主题……但是，几个世纪以来，避开借债让人们免于混乱地或是鲁莽地处理公共事务……经验已经表明了这一点，虽然这样做很便利（却会导致赤字），长期只会带来不适或灾难。这些简单世界的简单道理到越来越复杂的30年代早期已经站不住脚，尤其是大规模的失业改变了这些法则，命运和人们开了一个非常恶劣的玩笑，但是几乎没有人试着重新思考这一问题。"

预算平衡的信念如此深入人心，尽管大萧条带来可怕的痛苦，民主党——唯一有可能出于人道主义突破思维习惯的党派——在1932年仍呼吁"政府开支尽快大幅缩减"，目标是将政府开支减少25%以上。

胡佛总统和其周围的人都受到同一个预判的影响，那就是完善的经济政策需要平衡的预算。面对金融危机，胡佛总统正如加尔布雷斯所说的一样，无法"重新思考问题"。刺激经济发展的提议——正如胡佛总统向商业领袖们所提议的，鼓励他们继续进行资本投资和保持薪资水平——看起来非常有吸引力，但是当这些提议和应付政府财政赤字联系到一起时情况就变了，这时候"赤字很糟糕"的预判会拒绝这些提议。

坚信鬼神

为了进一步说明预判的力量，让我们来看看它们如何影响阿尔弗雷德·拉塞尔·华莱士的决策。不管用什么标准，华莱士都是他所处时代最聪明、也是最著名的科学家之一，他凭一己之力，在进化和自然选择方面得出和查尔斯·达尔文同样的结论，两人的论文于1858年在林奈学院一起宣读。在其漫长而又卓越的科学生涯中，华莱士对人类学和生物学也做出了其他重要贡献。

19世纪70年代，华莱士在东印度待了很长一段时间之后回到英国，他成为当时非常流行的灵媒和唯灵论的忠实支持者。他在报告中表示自己曾在一场降神会中目睹过6英尺高的向日葵实体，他对唯灵论的热情看起来好像挺奇怪，但是在当时那个时期却并不令人惊讶，那时，许多灵媒都称能够完成了不起的壮举，如在石板上写字、让死者开口说话以及让人和物显形等。

华莱士对唯灵论的热情中特别有趣的一点是他对一位科学家同事所做研究的反应，这位同事名叫S．J．戴维，他挑战大众对灵媒的信任，将其斥为骗子。戴维一开始也相信灵媒，因为灵媒让他看到了刚逝世的朋友，之后他和当时最著名的招魂师威廉·埃灵顿参加了一些招魂会，戴维对埃灵顿的工作充满溢美之词，开始相信自己也有了通灵的力量。在戴维自己举办的一场招魂术上，他在桌子上放了几块石板，"我举起石板几分钟后，发现石板底部大大地写了一个词——'小心'"。确实，要小心。戴维事后才知道那不过是朋友们给他设下的一个局，他们看到过埃灵顿玩弄花招，因此在石板上写下"小心"二字，希望戴维能意识到自己的愚蠢。

之后，戴维开始自己进行尝试，看是否能够得到和埃灵顿及其他人用花招得到的同样结果，其结果是对目击者证词谬误首次有系统的调查，因其谨慎小心的报告论证和全面细致的文献梳理至今仍被人们引用。戴维的研究表明目击者关于灵媒完成各种"壮举"的证词并不可信，他们所有的壮举都可以通过花招实现。

再看看华莱士，戴维的所有研究都没能让这位伟大的科学家怀疑自己对唯灵论的最初判断，他向发表戴维研究成果的杂志写信，抱怨戴维并没有对所有的技巧都给出解释，同时暗示戴维"事实上既是灵媒也是魔术师，将他自己所有的表演都推给'技巧'是欺骗……大众"。然而，在戴维解释了所有的技巧之后，华莱士继续积极地挑战所有那些质疑灵媒真实面目的人。

这个故事很好地披露了一个事实，那就是我们之中最理性（科学家华莱士）以及最成功（他是最成功的科学家之一）的人，也会被预判严重影响。所有人都很脆弱，都有可能被先前所做的判断所影响。我们是否被影响取决于我们给先前判断所打上的情感标记的强烈程度，我们大脑所认定的当前情况和过去情况的相似度以及我们是否拥有任何相反的经验或预判。华莱士明显受到自己对唯灵论本质上的信任的影响，戴维却没有。相反，戴维拥有足够形象的经验（他的朋友们给他设下的骗局）质疑自己之前对招魂会的信任。当朋友们告诉戴维骗局的真相时，他的尴尬很可能强烈到让他开始去挑战预判的情感标记。而对华莱士来说，戴维所写的文章很可能没有给他带来足够强烈的情感，他的预判所带有的强烈情感标记没有被抵消。

要防御预判对战略决策的误导，我们必须在做决策前辨别它们，并且弄清楚哪些预判有可能导致决策错误，哪些不会。在讨论这一话题之前，让我们先回顾一下关于导致决策错误的预判的一些相关研究。

认知失调

利昂·费斯廷格，一位研究末日教教徒的心理学家，早在1956年就提出了认知失调理论。他注意到我们有寻找支持性证据、有时编造荒唐理由以解读和我们信仰相冲突的信息的习惯。当世界并没有像所预测的毁于外星人之手时，费斯廷格研究的教徒们总结说外星人改变了主意，为了某种特殊目的拯救了世界。换句话说，他们编造出一个理由支持自己的最初判断，那就是外星人掌握着世界的未来。

认知失调是指两种知识不兼容，我们会努力避免思维产生不协调，如果我们的行为和我们的信念不符，我们会改变其中之一——行为或者信仰。如果我们面对两个不协调的事实，我们会编造理由两个都接受或者篡改其中一个的本质。当我们拥有某个强烈的信念时，我们很容易承认支持该信念的信息并拒绝或忽视与之矛盾的信息。换句话说，我们很容易受到先前信念或是预判的影响。史蒂夫·罗素、胡佛总统以及阿尔弗雷德·拉塞尔·华莱士都是这方面的例子，他们都有长期的信念，导致他们很难重新看清情况。

认知失调如果发生的话也会影响决策。例如，山本大将（第4章所述）由于之前和俄国以及中国战争的误导性经验以及对优秀海军战略的预判而选择了中途岛战略。而且一旦选择了中途岛战略，山本似乎就认定了该战略。

中途岛海战前的军事演习报告很能说明问题,尽管军事演习中有明显证据表明帝国海军冒了太大的风险,但是山本大将并没有重新考虑计划,甚至没有有效调整应急计划。军事演习中总裁判的行为是认知失调的典型表现。当代表美军的红队出其不意提前到达战场,总裁判宣布该情况不可能发生并坚持红队与日军高级将领预期的战略恢复一致。当日军掷骰子评估美军轰炸袭击带来的损失时,演习得出的结果是14次命中次数和日军2艘航空母舰的损失,这一结果再一次和预期不符,裁判长命令航母归位,命中次数减少到3次。

布朗宁中将面对阿纳姆附近德军装甲坦克的信息时同样没能挑战自己的预判,即花园市场作战计划是一个好计划。相反,他得出向他汇报消息的军官压力过大因而信息不可靠的结论。

锚定

决策理论家已经展示出人类大脑对其已有的想法、事实以及观点的承诺方式,对这一偏差效应常见的术语是锚定和调整启发法。我们做出的评估似乎是从一个起始值开始,然后进行调整,再得出最后判断。但是我们的调整并不够,往往被起始值所锚定。

这一效应在很多不同的情境中都有记录,比如,如果你让人们写下他们的社会保险号,接着让他们预测东南亚的人口数目或是地球到火星的距离,他们给出的答案会受到之前写下的号码的影响。讨价还价的时候也能发现相似效应,讨价的结果很大程度上受到买卖双方第一次提到的数字的影响。

锚定和调整方面最著名的要数阿莫斯·特沃斯基和丹尼尔·卡尼曼所做的研究,卡尼曼于2002年获得诺贝尔经济学奖。他们让受试者预测联合国中非洲国家所占的比例,在受试者回答前,他们当着受试者的面转动标好特别数字的幸运转盘,他们大声说出转盘停下所指的数字。结果令人吃惊,受试者所预测的答案极大地受到转盘数字的影响,转盘数字为10的受试者猜测的平均数为25%,而转盘数字为65的受试者猜测的平均数为45%。

转盘数字看起来似乎和受试者被问到的问题毫不相关,那么为什么大脑会被转盘数字锚定?大脑科学家至今仍然无法充分地给出解释,因此我们的解释也不可避免地带有猜测性。我们相信大脑中的数字和其引发的情境相关,情境就是关于联合国中非洲国家的比例,因此在寻找这一问题的答案时,大脑会搜寻和该情境有关的数字并不奇怪。除非大脑找到另外一个和该情境有关且具有强烈情感标记的数字,幸运转盘上的数字很可能成为他们做出猜测的起始点,如果我们被眼看着旋转的转盘上的一个数字锚定,我们显然也可以被所做的预判锚定,尤其是当预判带有强烈的情感标记时。

锚定和调整启发法存在一个特别的危险,那就是我们很容易就认为自己考虑了他们的影响,而事实上我们并没有。要求预测联合国非洲国家比例的受试者中,一开始给出答案为10%的人,后来确实向上调整了——但是也只调高到平均数25%。同样,那些一开始给出答案为65%的人也向下调整了——但是只调到45%。

研究者表明锚定效应还会影响我们对信息的选择,我们寻找支持锚定位置的信息并排除其他信息,这又和认知失调联系到了一起,当我们做出一个预判,我们倾向于获取支持这一判断的信息并排斥其他信息。这解释了为什么像阿尔弗雷德·拉塞尔·华莱士那样的聪明人会荒谬地抵制和自己信念相矛盾的证据,为什么博姿的史蒂夫·罗素未能及时质疑自己对服务业策略的承诺。

过度自信偏差

和锚定效应联系在一起的是过度自信偏差。我们在处理陌生问题的时候,经常对自己所做的判断过度自信。在实验研究中,受试者被特意要求预测地球到月球的距离或沃尔玛超市 2005 年的收益,或者是其他鲜为人知的事实。接下来,受试者被问到自己对所做预测的自信程度如何,通常要求他们对自己最初所做的预测划定一个自信包括了正确答案的范围。事实上,有 50% 的正确答案是在他们划定的范围之外。

安德鲁·坎贝尔在这方面有亲身经历,他曾是麦肯锡咨询公司的一位顾问,他被要求和客户们一起回顾至少三年前的演示文稿,这些文稿涉及某些方面的预测,在每个例子中,预测结果的给出都非常小心谨慎,预测者会对一系列可能的结果进行辨别。当坎贝尔检查这些结果早已大白的预测时,他发现基本上每一个例子中,真正的结果都在文稿给出的范围之外。

过度自信偏差的解释和未能充分调整脱离起始点的解释一样:锚定启示法。一旦你做出了预测,你会被该预测锚定,导致该预测两头所限定的范围都过于狭窄。我们也可以用神经元和预判来进行解释,一旦你做出一个判断，你就重组了一些神经元，并创造了一些情感标记。重组和标记很可能影响了下次你对相似主题的判断。史蒂夫·罗素事先就医药行业对博姿的吸引力做出了判断，而且涉及战略中的服务元素时他对自己的判断过度自信，此外，其他人对他对所做决策的过度忠诚也是有目共睹。他解释说尽管公司业绩开始下滑，一些下属知道他对这一战略有多么的信奉，还特意对他隐瞒了这个坏消息。

有趣的是，当我们处理熟悉问题时，过度自信偏差消失了，我们会根据自己对大脑如何运作的理解预测结果。在面对问题时，大脑寻找和该问题有联系的有用经验和预判，如果我们对这一问题拥有充足的经验，我们的大脑会联系上适当的经验和预判。当我们经验不足时，我们的大脑可能会联系上误导性经验或者是误导性预判。

负责预判的左脑

我们已经讨论了许多神经科学领域的研究，再加上另外一个与预判关系密切的领域的洞见也很有价值。正如维莱亚努尔·苏布拉马尼安·拉玛钱德朗在其《寻找脑中幻影：人性和心灵架构》一书中所解释的，我们的左脑就像遭受前面所描述的强烈预判影响的个人，它会执著于自己对世界的看法，拒绝不协调信息，右脑才会挑战左脑并改变其看法。然而，右脑并不总能成功。

令人震惊的例子来自右脑遭受重创尤其是那些中风的病人，他们在不怎么清醒和理智的情况下会坚持最可笑的预判。比如，有些病人丝毫不愿相信自己已经瘫痪，拒绝的方式可以很极端，有一位病人面对自己瘫痪的胳膊,坚称那是自己兄弟的胳膊。另外一位病人在被要求鼓掌的时候,举起了自己完好的右手在空中挥了挥,并坚称自己是在用两只手鼓掌。

这类拒绝的术语叫做"病感失认症",这种症状只有在右脑受损的情况下才会出现。拉玛钱德朗表示这一行为的原因是"左脑的任务是创造一个信念系统或模型,并加入新的经验"。我们的左脑在接收并接受新信息时必须更新信念结构,但是假如我们得到一个看起来和我们所知相矛盾的数据——比如,我们身体的半边已经没知觉了?这个数据好像挺反常,于是我们的左脑会排斥这个数据,导致我们坚持之前的信念。

然而,我们的右脑就像一个"魔鬼代言人,对维持现状表示质疑并寻找整体上的不一致",右脑会挑战左脑。当信息看上去极具分量时——比如,当我们注意到我们身体的一半已经不动了,它会迫使左脑重组信念系统。

如果右脑不能正常运作,正如右脑中风的病人,左脑不再受到约束,并且可能会用上面描述的激烈方式欺骗意识层。如果我们的右脑依然能够运作,影响可能就不那么荒谬和戏剧化——但是左脑对保持信念结构的欲望仍然会把我们的思维锚定在不恰当的地方。

我们的左脑似乎是提供结构和稳定的地方,这儿也是存储预判的地方。我们的右脑似乎更加具有交互性和挑战性。这和战略决策相关的一点就是我们的大脑很容易被看作一组互相制衡的系统。大脑的某些部位进行预判,让我们能够在有许多可以忽视的边缘性变化的世界生存;另外一些部位则起到制衡的作用,防止我们对某个观点过于执著。这个系统通常运转良好——但是也会出现问题。有时候我们的左脑,更加保守的大脑部位，会排斥新信息，让我们做出错误决策。

辨别误导性预判

预判是指我们对"什么是好的""什么是坏的"以及"事情如何运作"的观点：它们来自我们对世界的理论。预判可以通过先前经验形成，但是它们也可以来自书本或是其他人、我们自己的想法。

发现预判至关重要。在我们错误决策数据库中，误导性预判在80%以上的案例中具有"重大的"或是"一定程度"的影响。我们在研究中最常发现的误导性预判类型如下：

对情况的判断。这会让管理者们开始对自己面对的情况进行界定，界定会影响他们的决策。比如，预判经常会让管理者将情况界定为机遇还是威胁，或是重要还是不重要。华莱士将戴维的研究判断为威胁，于是据此做出了反应——排斥戴维可能是正确的而埃灵顿确实是骗子的看法。

对备选项的判断。罗素做出预判，认为为了金钱而管理不是一个备选项；胡佛总统做出预判认为政府支出更多钱不是一个备选项；华莱士做出预判认为灵媒作假不是一个备选项。

对目标或者是标准的判断。发展战略经常在违背发展至关重要的预判下制定出来，市场进入战略通常受到公司必须100%控制市场的预判的影响，这导致公司更少选择合资和联盟。事后，罗素评论说博姿"不应该什么事都全靠一己之力（指医疗保健服务策略）"。

对我们能力的判断。我们经常对自己的能力过度自信，罗素认为博姿的经理们有能力成功开展服务业务。

对可能结果的判断。经常会听到领导者们说："十年前我们就试过，结果失败了。"或者"如果我们能做到这个，另外一个也没问题。"胡佛总统判定财政赤字将带来严重的负面结果，因此执著于自己的看法，认为任何解决经济危机的方法都必须以平衡预算为基础。

每位决策者都会有很多预判，幸运的是，我们不需要将其逐一列出并检查其误导性。正如误导性经验，我们只需要关注何时决策者会面对自己不熟悉的不确定性。只有当决策中存在不确定性，而决策者对这些不确定性又没有足够知识时，预判才有可能误导决策。

和误导性经验一样，我们可以通过下列问题来辨别误导性预判：

1. 该决策中涉及的主要不确定性是什么？
2. 主要决策人对这些不确定性是否做出了预判？
3. 预判有客观证据支持吗？如果没有，它们可能具有误导性。

在医疗保健服务决策中，史蒂夫·罗素面对着许多重大的不确定性，这些服务领域未来的收益率是多少？竞争者们会有什么反应？这些领域的专家们是否愿意为大型上市公司工作？博姿的经理们是否能够管理这些不同的业务？（注：如果我们需要更加严格地分析可能成为预判对象的不确定性，我们可以用到之前所列内容：判断和情况、备选项、目标及标准、我们的能力或者是可能的结果有关的不确定性。）

罗素对其中一些不确定性也做出了清楚的预判，他自信在医疗保健行业能够获利，自信博姿的品牌将会被接受，同时，正如结果所显示的一样，他对博姿经理们运营新业务的能力过于自信。

那么接下来的问题为：是否有足够的客观证据支持这些预判。我们知道为了博姿品牌的接受度公司已经做了许多工作，因此我们基本上不需要担心这一判断具有误导性。然而，几乎没有证据证明大型上市公司可以在这些行业获取利润，也没有证据证明博姿的经理们有能力很好地运营这些业务。因此，这两项预判具有误导性：它们可以被辨认为红旗警示情况。我们并不是说罗素有所疏忽，没能为这两项不确定性搜集到客观证据。我们要说的是他可能对这些不确定性存在预判，预判的方式误导了他。

我们提供分析法来辨别预判——以上三个问题——我们也意识到在许多情况下，预判以我们青睐的选项或偏好的一个或多个目标的形式出现在我们眼前。在罗素的案例中，我们几乎不需要分析不确定性，因为他显然已经做出了预判，认为医疗保健服务业是一个好战略，而且公司的发展是最高目标。

明智地使用预判

回顾一下，当我们对某个情况做出预判时，我们就走上了一条相信自己是正确的道路，而我们有可能是错的。一些预判有理性证据的支持，合乎情理。事实上，不做预判的话我们几乎无法做决策，然而，一些预判可能具有误导性，这些预判在先前一些情况下可能是合理的，但是在当前情况下并不是，或者这些预判是完全错误的。当我们发现这些可能存在误导性的预判——这些红旗警示——的时候，我们需要通过具有针对性的方法强化决策过程，以抵御它们可能导致我们做出坏决策的风险。

我们的研究发现误导性预判是导致错误决策的最主要原因之一，因为我们会给它们打上强烈的情感标记，而这些标记随着时间得到强化。与判断有关的最初情感标记之所以强烈是因为：一、先前就存在和该情况相关的情感标记。二、决策者为了执著于某个行动需要对该判断产生额外的情感。随着时间的推移，当决策者发现支持性证据时，对该判断的执著变得更加强烈，结果令决策者对该判断带有强烈的偏好——并且对挑战强烈地抵触。因此，我们需要特别注意长期预判，但是某个预判是长期的还是短期的，我们需要弄清楚它对我们思维产生误导的程度。

07 不适当的个人利益

2001年安然公司（Enron Corporation）破产案，已经成为国际上因过度谋取个人利益造成危险的经典案例。

正如许多读者所认为的那样，安然公司是通过打造离岸公司网，来营造一种比安然公司实际情况更有利可图的假象。这一阴谋持续了一段时间，直至公司开始被卷入这种恶性循环。公司的高管们不得不继续努力去隐藏这种实际情况与不实报道之间不断增长的差距。最终一切还是分崩离析了。股票价格暴跌，安然公司于2001年12月寻求破产保护。

安然公司的垮台激起了巨大的愤怒。这种愤怒不仅仅是由于谎报利润，更缘起于公司高层以牺牲安然公司股东、雇员、离退休人员、顾客以及供应商的利益为代价去谋取利润。最令人愤怒的例子之一就是安然公司的首席财务官安德鲁·法斯托伙同他的一些朋友安排了一系列的报告，利用仅16万美元的资金，在首轮投资中赚取了至少4200万美元。

然而，这样做的并不只有法斯托一人。2000年8月，在安然公司股票价格达到其历史最高值——每股90美元时，安然公司的许多高管在明知公司亏损的情况下，开始秘密地向外抛售他们所持有的股票。然而，他们仍对外宣称他们预测股票能够突破每股130美元，甚至更高的价格，并以此来鼓励投资者继续抢购。在高管们抛售完他们的股份之后，股票价格开始暴跌。公司的管理层和分析师们仍以股票价格在不远的将来肯定会回弹为理由，推荐投资者继续购买或者持有已购买的股份。安然公司宣布破产后不久，安然公司的董事长肯·莱被控告在安然破产前抛售了价值超过7000万的股票，并用这部分钱去偿还他从公司收取的大量的现金垫款。

　　无论你认为导致安然公司走向衰亡的原因是什么，它代表了一个标志性的故事，故事所表现出来的是个人利益，以及个人利益对做决策所产生的有害影响。然而，这一事件太过极端，我们的想法可能会倾向于个人利益对于做决策的影响微乎其微，而且其危害性仅限于那些少数的不诚实者或被误导的人们。然而并非如此。事实上，个人利益的影响是无处不在的。它能够影响到深思熟虑的、正直的领导做决策。即便我们努力避免它对我们所产生的影响，它还是能够影响到我们的判断。

　　随后我们将会探究个人利益为什么会产生这样普遍的影响。是因为对决策者而言，意识到个人利益对自己所做出的选择有多大影响很难吗？而从某种程度上讲，决策的制定是在一定的意识水平之下进行的。我们很容易从自己的意识中筛选出个人利益的影响。决策者难以补救他们尚未意识到的偏见。启示在于，我们应该质疑决策者的能力，以此来防止因他们自己的个人利益而引发的不良效果。

　　在进一步讲述受个人利益影响的相关决策案例之前，我们首先要对一些现存的研究进行回顾，以此为个人利益的普遍性和无意识性的本质提供例证。

个人利益击败客观性

你是否认为在法律诉讼中，败诉方要支付胜诉方所产生的费用？根据《美国新闻与世界报道》上刊载的一项调查结果显示，这取决于你的利益所在。当被问及"如果有人起诉你，你在案件胜诉后，他是否应该支付你的诉讼费用"？85%的被告人的回答是应该。但是当被问道，"如果你起诉了别人，并且在案件中败诉，你应该支付他的诉讼费用吗？"仅有44%的人的回答是应该。为什么会产生这样不同的看法？简单地说，这是人们很大程度上受到个人利益影响的结果——即便他们努力地要做到客观。

让我们从更细微之处来检验这一见解。哈佛大学商学院的马克斯·巴泽尔曼曾经针对心理学中的利益冲突做过一个广泛的研究，其中就包括个人利益在做决策过程中的作用。他设计了一个实验，用以评估公司外部审计员的客观性。审计员应该通过客观、公正的审查公司账目来为股东们服务。然而实际上，审计公司的个人利益会在其中施加影响。如果审计员能够提供一份有利的报告，那么公司的管理层就更有可能在来年继续雇佣他们做同样的工作。

巴泽尔曼的实验涉及了供职于一家美国最大审计公司的139位资深审计员。实验中他们将被要求去对一家虚构公司的账目进行评估，我们称这家公司为A公司。并以此来决定他们是否符合公认会计原则（GAAP）。为数一半的审计员被告知，他们已被A公司雇用为审计员。另一半则被告知他们已被另一家公司——B公司所雇用，B公司正在寻求同A公司的合作。如果审计员们真的做到了公正公平，那么来自于这两组审计员的平均结果应该是一致的。然而事实上，与受雇于 B 公司的审计员相比，30% 被告知受雇于 A 公司的审计员倾向于认为 A 公司财务报告的账目更遵守公认会计原则（GAAP）。

巴泽尔曼的结论是当审计员们因持有某种个人动机去选择一种阐释方法，而非选择另一种方法对数据进行阐释时，他们是不能提供客观的评估的。实验条件应该将他们产生偏颇的机会最小化——客户是虚构的（因此审计员们不能感受到与 A 公司中任何员工的人际关系），并且不可能得到任何实际的收入或者再次雇佣的机会。审计员们被明确地要求提供公正地评判。尽管如此，他们仍被证实会受到个人利益的影响。正如巴泽尔曼评论的那样，"证据表明，即便是审计员与客户之间只是存在某种假定关系的可能性，都会扭曲审计员的评判。那么在一种长期存在，且涉及数百万美元的持续收入关系中，你所能做的就只能是想象其被扭曲的程度了。"当然，巴泽尔曼的这一结论在安达信会计师事务所对安然公司的账目进行审计的实践中得到了极好地印证。

审计员不是唯一会因受个人利益影响而扭曲个人抉择的群体，任何决策者都有可能受到同样的影响。例如，在由制药工业赞助研究经费，由独立医药研究人员完成的大量研究中，实验报告显示的结果往往是偏向于财务赞助方的。一项研究表明，与独立资助完成的研究相比，由制药公司赞助的有关乳腺癌的临床实验治疗的研究报告，显著地倾向于使用药物治疗对患者更加有效这一结果。另一项研究表明，由药物工业资助的临床实验有 84% 宣告成功，而独立资助的临床试验只有 54% 的实验认同结果。同样的相关关系在其他的医疗实验中也有印证，尤其是在：中风、心脏病、精神疾病方面。

这或许只是"几只烂苹果毁了一箩筐"（一颗老鼠屎毁了一锅汤）的例子？事实似乎并非如此。我们中的大多数人都会趋向于遵守一条规则，那就是为我们的个人利益服务——正如丹·艾瑞里在他的经典作品《怪诞行为学》中所阐述的实验一样。艾瑞里给学生们进行了一次测试，其中包括50道单选题。然而，这次测试针对不同组别学生的设计有些细微差别。

测试要求第一组学生把试卷工作表上的答案誊抄到计分表上。然后将计分表交给教室前方的监考老师，每答对一题，监考老师给计1分。50道题中学生的平均成绩为32.6。

其他的学生也进行同样的测试，许以同样的分数——但是允许他们以各种方式进行抄袭。例如，在计分表上标注正确的答案给予暗示，这样学生就能填写正确答案，而不是填写他们写在试卷表格上的原始答案。结果这些学生的分数显著提高：50道题的正确率超过36。

从这个实验中可以总结出，人们会受到个人利益的鼓动——假若这样，学生们在侥幸可能成功的时候就会进行抄袭。然而，还有第二条有趣的结论。事实证明，大多数学生只是抄袭了极少部分，不像少数的学生进行了大量的抄袭。言外之意：大多数决策制定者将容易受到个人利益扭曲效应的影响。

从这些例子中得出的结论是，我们很容易受到个人利益的影响——即便我们努力试图保持客观。在公众来看，谁应该支付诉讼费用这一问题，其答案还是取决于他们自己或某些人是否能够获益。即便要求他们提供客观的观点，审计员们的建议和学者们研究的结果都会受到为他们提供资金支持的雇主的影响，虽然客观性是影响两种职业的原因。在艾瑞里的测试中，除少数人以外，大部分人都进行了抄袭。在下一部分，我们将用证据来说明，为什么个人利益对做决策有如此大的影响——即便我们努力地去做到客观。

下意识地谋取个人利益

就谁该支付诉讼费用这一问题，调查中的被告人是否意识到了他们的回答受到了个人利益的影响？可能没有。事实上，他们可能认为自己的回答是相当合理的。可当我们用同样的调查来调查执行官时，在我们宣布结果后，被调查的执行官们通常大笑。因为他们意识到他们实际上早就被提问的方式所影响了，而且调查时他们并没有意识到因个人利益而产生的偏见效果。

从我们的经历所得来的证据和从其他研究者那所得来的证据表明，决策者比他们个人所宣称或所认为的更容易受到个人利益的影响。缺乏对受个人利益影响的意识，使诊断变得特别的重要。因为无意识的影响对决策者而言，更难以提防。

在第 2 章和第 3 章中，我们将对我们的大脑是如何在无意识水平下运行的这一问题进行讨论。当我们在评估一个决定时，两个选项将在毫无意识的情况下被贴上情感的标签，并引导我们的决策。例如，我方或者另一方是否应该支付法律诉讼的费用。我们自己支付法律费用的这个选项没那么具有吸引力，由别人来支付我们法律诉讼费用所需开销的选项，却感觉很具有吸引力。虽然我们认为随后有意识的心智将会有机会对这些选项进行重新的思考，并且对这些感觉施以影响，但是大脑已经开始重点支持有吸引力的选项，反抗没有吸引力的选项。就是因为个人利益无意识地纠缠在决策的过程中，才使得个人利益在我们对选项进行决策时极具影响力。毫无疑问，前面所描述的许多审计人员在意识到自身利益对他们的影响之后，会对他们的决策进行重新的考虑。

然而在受控条件下，研究个人利益对策略性决策的影响是不容易的。有一项关于人体的相关研究，证实了其无意识的本质。

有一个实验。实验是控制测试，针对无意识情况下个人利益对我们决策的影响效果。试验中的受试者被要求在虚拟的法律案件中扮演被告或者原告。原告起诉被告，要求对车祸中所造成的损失进行赔偿。模拟现实生活中的情景，如果他们能够顺利协商达成一致，而不是闹上法庭，每一方都将被许以奖励。因此，原告在自我利益的驱使下，会劝说被告高额的赔偿是合理的；而被告在自我利益的驱使下，会劝说原告低额的赔偿是合理的。

为准备谈判，会给参与者一份关于案件事实的通用材料，并告知他们对材料进行查阅。案例是真实的案例，并且已经由法官裁定过了。因此，法庭的结果是已知的，但是参与者没有被告知，在他们与彼此进行协商之前，他们被要求私下估量真实的法官会判给原告多少钱。为了确保参与者的估量没有故意的偏向，如果他们的估测接近真实案例中法官所做出的真实判决，参与者会被许以小额的奖金。

按所处的情景考虑。无论参与者是原告还是被告，结果都不会有什么区别——只要他们能够精确地估计出真正法官的真实判决，无论他们扮演的是哪一方，都可以得到奖励。然而，对于法官判决的真实赔偿数额，扮演原告的人所估计的数额比扮演被告的人所估算的赔偿额度高出许多：

38952 美元对 24426 美元。当被问及他们所认为的公平赔偿额度是多少时，原告给出的数额也要比被告所给出的额度高大约两倍。（37028 美元对 19318 美元）。

研究者所提供的解释是这样的，参与者所估算的实际判决额度会受到他们潜在自身利益的影响而扭曲，专家们称此为自利偏差。比如，原告顾及自己的利益会劝说被告给予其高额的赔偿。当被要求提出一个公正的、私人的赔偿额度时，他们所猜测额度仍然比被告所提出的额度高出两倍。他们潜在的个人利益在案例呈现的结果中创造出一个显著的偏差。他们似乎没有意识到，因此不能对此进行弥补。

研究者试图要减少偏见出现的频率，他们对个人利益的无意识本质有特别的兴趣。为此，实验被重新设计，这一次许多参与者参加了简短的培训会议，其间，他们被告知他们个人利益的存在会导致产生偏见的风险，以及偏见会如何扭曲他们的抉择，但是此次培训并没有产生所期待的作用。正如其中一位研究员所讲的那样"这种干预在一定范围内取得了成功，人们都开始笃信他们将要进行沟通的对象将会被偏见所扭曲，但是他们认为自身不会出现产生偏见的情况。此外，当人们承认自己可能存在一定程度的偏见时，他们大大地低估了偏见对他们的影响程度"。即便经过培训以后，参与者也未能发觉个人利益对他们的决定所产生的扭曲效果。

一些参与者被要求去写一篇文章，尽量去证明对手的案例，研究者期望通过这一行为来帮助参与者看到他们自己在评估中所产生的偏见。但是这一行为起到了相反的效果——加深了偏见的程度。只有在要求参与者列出他自己在案例中的弱点时，这种偏见的程度才能够被降低。

这意味着我们意识不到个人利益对于我们做决策所产生的影响——并且需要我们花费很多精力去思考、抗衡我们自己的偏见。我们知性地理解为人们会被自己的个人利益影响，从而产生偏见。但是却发现很难接受这就是真实的自己。

更有趣的实验提供了其他的证据，证据表明个人利益是在无意识的情况下进行的。例如，针对美国医疗机构中医师们的一项研究，有61%的医师说"促销活动不影响我的实践"——这意味着他们在开处方药物时，不会受到药品制造商举行的促销活动的影响。然而，他们当中只有16%的人认为其他医生的情况属实。据证实，其他研究的证据在总体上印证了促销活动确实会影响医生开处方这一实践。一项研究表明，参加过由制药公司召开的研讨会的医生，在开处方时，会更多地使用在该次研讨会上讨论过的药物，而非在以前研讨会上讨论过的药物。但是在参与研讨会的20名医生中，有19名会否认这对他们开处方行为的影响。

即便是最理性的头脑也会存在为自己的个人利益进行争辩的趋势，但我们却意识不到自己的所作所为。当合著者们被问及他们在创作一本书自己贡献的内容所占比重时，所得反馈的比重累计超过100%。

在那些被认为是理性典范的人们身上，也被证实受到同样的影响，即使是诺贝尔奖得主。在弗雷德里克·班廷和约翰·麦克劳德因发现胰岛素而荣获诺贝尔奖之后，班廷曾争辩道："与其说他的搭档是在帮忙，还不如说是在碍事。"相反，麦克劳德在发表获奖感言时，他甚至连提都没提自己还有个搭档。当然，可能这是个体蓄意地夸大他们的个人功劳。然而更可能的情况是，他们真的认为事实是如自己所说的那样。在多种情况下都出现过展示自己的贡献比实际上更重要的趋势，诸如：田径、筹款以及婚姻。例如，婚后的夫妇在描述各自对家务事儿的付出时，男方和女方都会过度评价自己的贡献。

进化的见解

为什么要意识到个人利益对我们做决策所产生的影响是那么的困难？进化心理学家认为我们就是如此进化的，因为令别人信服我们的客观性的最好方式就是要我们自己先相信它。

进化心理学家们认为，我们已经进化成为社会性的动物，社会性的动物是群组中的成员。群组之中总会存在分歧，比如，谁应该享有多大份额的食物。我们的祖先会因为令人信服地坚持了自己的立场而取得成功，进而获益。这样做会提高他们获得更多食物和其他资源的机会。在争论中取得成功的最好方式就是表现得真诚，并且坚持自己的立场。如果我们真的认为我们的论点是正确的，这么做是很容易的。这么做的话，我们最好没有意识到个人利益对我们争辩观点的影响，我们最好是认为我们是以纯粹的客观基础为依据在争论。最终，我们会趋向于赞同那些会使我们自己受益的结果，而我们仍然不会意识到我们这样做了。即便在实际上我们做错时，我们或许仍会认真地以为自己是对的。

我们不仅压制个人利益对我们的决策会产生影响的相关知识，我们还可能会进一步地说服自己，认为我们做决策所使用的标准是公平的甚至是利他的。然而，我们所谓的公平已经被我们的个人利益所扭曲了。琳达·巴布科克和乔治·洛温斯坦是前面所描述的被告和原告角色扮演活动研究组的成员。他们总结道，"双方对于公平的观念往往都会倾向于偏向于自己的解决方案。他们不仅将这些解决方案视为公平,他们还会认为他们对于公平的个人概念是不偏不倚的。"

回到安然公司的例子,据说当首席财务官安德鲁·法斯托被告知他将必须正式放弃一项基金所产生的所有收益时,他大发雷霆。他曾经从该项基金中赚取了数千万美元。随后他道歉并解释道,是他建立了这种合作关系,出售它使他变得很情绪化。毫无疑问许多外部观察人士会把法斯托抵制放弃这种由合伙关系所产生的利益视为一种明显受个人利益影响的行为。可在法斯托本人看来,这就好比是要与自己的孩子分开一样。

证实法斯托的真正动机是不可能的,但这却是问题的关键。正义的愤怒可能会被视为不"义"的动机,就好像法斯托对自己行为的说辞那样。可做得太令人信服,就会很难证明其深层的动机。决策者只有用他们的公正说服自己以后,才有机会同样地去说服别人。

用头脑诊断个人利益的另一种途径就是,反过来由我们自己对怎样做是自私自利或非理性的行为进行描述。冷战时有这样一个例子,战争的双方都没有做好充分牺牲自身利益的准备,以便就战备问题达成协议,但是双方都以对方的不知变通和蓄意阻挠为解释的说辞。在讨论削减军备的一个历史性会议的结尾,里根总统对记者说道:"我们为推进和平事业来到冰岛……可是尽管我们将历史上最具深远影响的军备控制提议摆在桌面上,秘书长还是拒绝了它。"

同一天,戈尔巴乔夫说道,"我提议在此召开紧急会议是因为我们有所提议……可是美国人却空手来参加此次会议。"研究人员经过深入研究双方动机后总结道,他们的评论并不只是些花言巧语——双方真的认为他们已经准备将自身利益,至少一部分利益置之一旁,可另一方却刻板地没有任何表示。里根和戈尔巴乔夫似乎未发觉他们的自身利益所带来的影响,他们认为自己作出了巨大的让步,而对方毫无表示,自己已经表现得很受人尊重了。我们在模拟的法律诉讼案件中已经注意到,参与者能够看到自己的对手可能会出现的偏见——可同时却假设他们自己不会出现任何的偏见。

个人利益是如何影响战略性决策的

在 2/3 的案例中,做出错误的战略性决策的原因是由于不适宜的个人利益。许多例子说明了其极具欺骗性且未被察觉的影响。

一个大型商品包装公司的欧洲子公司业绩陡然下降,总公司于是委派一名新的总经理走马上任。迈克,一位从前供职于一家德国公司的市场经理,成功竞聘上岗。迈克所面临的决策之一为是否继续保留或者辞掉他的最重要的直接下属之一:一位掌控了企业收入 35% 的品牌经理,经营收入额达 1.90 亿美元。证据表明该员工是不能胜任这份工作的。他不能进行有效的领导,也不能有效地代表企业。在他的管理下,品牌业绩很糟糕。如果迈克想要扭转经营局面,聘任一位卓有成效的品牌经理是至关重要的。迈克在心中思量过,这个人是不能胜任这份工作的。

尽管如此,迈克选择让这位品牌经理继续留任。现在迈克认为他的决定是错误的。在这家伙继续留任的 6 个月期间,公司的该品牌业绩仍持续低迷。该经理在没有完成产品交付的情况下就离开了公司。

在此次惨败之后,迈克的老板告诉他,他以为迈克会尽早做出辞退那个品牌经理的决定。（他的老板没有横加干涉是因为他想要由迈克来做出决定，并接受迈克的这个决定。）在此之后，当我们对迈克进行采访时，迈克感觉他曾经收到这样的信息，要求他做出正确的决策，但是他却没有那么做。

在我们与他一同探讨这个案例时，我们一起回顾了一些可能的原因，诸如产生误导性的经验或预判。然而，就在我们谈论的时候，迈克突然在中途停了下来，"我过去的经验在某种程度上引导着我的决策——但是也有一种情绪反应……如果大楼着火了……我能应对吗？别人会怎么看我？我受到的引导更多来自于我的内心，而非源自我的头脑。我想要为自己创建一个正确的印象。"

随着我们同迈克讨论的继续进行，他阐明了他为什么在自己的头脑中作出这样一个糟糕的决策。三种个人利益影响了他。每种都与公司的利益相互矛盾，因此在决策中造成了不恰当的影响。

第一种个人利益是让自己在老板眼中留下好的印象。在这种个人利益的驱使下，他想要在业绩上早日有起色。即便从长期看来，保留他的下属是一种糟糕的决策；可让他继续留任或许能够帮助迈克顺利度过接下来的几个月。当然，迈克可以去找他的老板探讨，招聘一位新的直接下属是不是会更好，虽然这样做在短期之内会对业绩有所影响——但是，对于最近才刚刚被雇佣的迈克而言，对待这样的对话要十分谨慎。从事后来看，早进行这样的对话可能会更好——但是在当时看来，那样做却不像是迈克想要做的事情。

第二种个人利益是迈克想要变得更受欢迎。迈克的直接下属深受他所在团队许多人的欢迎——辞退他会使迈克变得不受欢迎。虽然那么做不会使迈克变得寸步难行，但是却会使他的生活变得孤单。

第三种个人利益是生活方式。他想要花更多的时间去陪伴他自己的家庭，尤其是当他们刚刚从一个国家搬到另一个国家时。留任现有的经理就意味着迈克可以将更多的工作负担托付给他。辞退他就意味着迈克需要花更多额外的时间在办公室，直到公司委任了新的经理为止。

我们不是在说明个人利益不该作为做决策的一项标准。相反，我们是在用这个例子阐述不恰当的个人利益是如何影响决策且不让决策者意识到其影响。如果迈克认识到个人利益是如何影响他的决策的，他或许会考虑辞退他的下属，从而减少对自己的损失。例如，他可以研究一些方法，将他的一些其他职责转给别的同事，而他却将职责塞给了他那离职的下属。他可以努力地向团队的成员解释自己的决策。他可以在感到重压时就同他的老板讨论，他是如何驱使自己做出违心的决策的。可是，就因为他没有意识到个人利益的影响，当他所收到的信息暗示他该做相反的决定时，他却劝说自己最好是让他的下属继续留任。

迈克只能是在事后觉悟到他的决策是如何受到个人利益的影响的。用迈克的话来讲，他是"感情用事了"。他的个人利益触发情感引导他做出了一个糟糕的决定——即便他曾努力客观地对待。他确实没有彻底地意识到他的感觉是如何被他的思想所操控的，直到恰好我们在这个事件后谈起它——直到那时，他做出决定的原因才被埋在了他的头脑和心里。

在另一个案例中，马克是一家国际包装机制造公司法国子公司的总经理。他在考虑是否要收购一家公司，该公司几乎垄断了特殊类型食品包装机器的制造。然而该公司在市场上的地位很强势，有很多警报标志显示这将会是一场风险投资，业务很大程度上取决于对大型肉类加工公司的销售。因为机器是资本投资的一种形式，销售往往是高度周期性的。管理团队最近失去了一些有才华的设计师和营销人员，业绩低迷。当前公司的所有者想要将其抛售。

这些风险是个很突出的问题，因为马克曾经向总公司保证过，他将实现相对稳定的业绩。前一年，马克才亲自说服总公司，为他的子公司提供额外的投资，用作低风险收购之用，因此那时他的名声岌岌可危。

随着事务的进展，马克的一些监事会成员对于提出的收购表示了担忧。尽管如此，马克依然勇往直前。几个月以后，随着在法国的牲畜中发现了牛绵状脑病（BSE）或者被称之为疯牛病，肉类加工客户宣布其属于随意性资本支出，其中包括马克公司正在进行的包装机器的制造。管理部门无法应对急剧跌落的需求，盈利出现了赤字，马克的上级为之震惊。

马克对他自认为作出错误决策的原因进行了描述。"我是在重压之下，为了我自己的个人利益去做这一单的。如果我继续下去，那么在审计方面的花销和为公司付出的努力将会被资本化，并被添加为投资的成本。如果我退缩了，那么他们都会成为向我办公室征收的费用。因为我们已经经营这家公司一段时间了，成本是十分重要的。——我想我是被这些因素影响了。我制定了一个要达到的年度目标——在财务年度的末尾将会出现坏账，使我没有时间去找出一种避免重大损失的方法。当然，最终我做了一笔糟糕的交易，我想是个人利益影响了我的判断。"

"个人利益影响了我的判断"是对影响马克决策的很好的描述。他看不到那时个人利益是如何引导他误入迷途的。个人利益影响了他的判断,但他根本没有意识到一切会发展成这样。只有在事后通过回忆事情的经过,他才能了解为什么他犯了这样的错误。

还要注意的是,就像迈克那样,他尤其受到了短期利益的影响,该短期利益刚好能达成他当年的预算。短期的压力可以引导我们做出选择,这些选择甚至可能与我们的长期利益相矛盾。最近,神经科学家已经发现了一些证据,证实确实如此。我们的短期利益可能会过度影响我们的决策——短期利益在决策中不但可以战胜广泛利益(股东们、组织内其他成员的利益),还会战胜决策者的长期利益。

我想要它——即刻!

研究人员早已注意到,人们的决定很容易受到短期目标的影响,从而产生偏见——甚至以牺牲长期个人利益为代价。研究过此类行为的人们指出,会出现这种情况是因为我们有两种相当不同的自我。我们"想要"的那个自我所关注的是短期的回报。我们"应该成为"的那个自我则采用更加平衡、更加长远的观点来审视什么是对我们最好的选择。两种自我在决定如何采取行动时会不断地探讨、碰撞。因为我们有研究人员已经将其定义为"有限意志力",有时候我们的"想要"自我会战胜我们的"应该"自我。有限意志力就意味着有时即便我们努力去满足我们的"应该"自我,可当短期的诱惑力太强时,"应该"自我仍然能够被征服。

近来神经系统科学领域的研究揭示了更多关于这两种自我的本质。塞缪尔·麦克勒格是普林斯顿大学心理与行为系大脑研究中心的研究员,他与一组研究人员对研究对象的大脑进行了扫描。这些研究对象被要求从可供选择的一系列短期回报和长期回报中进行选择。研究人员发现，大脑边缘系统的某些部分，即与情绪相关的那部分大脑，只能被所提供的具有短期回报前景的利益所激活。与认知思维相联系的部分皮层，大脑外面的部分，能够同时被短期利益和长期利益所激活。大脑这两个部分的相对活动量与研究对象所作出的选择相关。当大脑边缘系统的活动比大脑皮层的活动更为剧烈时，研究对象总是会选择那些能够带来短期回报的选项。

这些研究成果解释了，为什么我们总是意识不到短期个人利益会对我们做决策产生一定的影响。人们可能难以意识到此类偏见所造成的强大效果，因为偏见就源于我们大脑最原始的部分。

短期利益的强烈影响帮我们解释了许多商业决策错误的例子。我们的市场经理迈克，将留任他下属的决定描述为"短期利益战胜了长期利益"的结果，为了使所做出的选择更合理化，他还补充了以下理由，"公司都是很急功近利的——你得为自己赢得声誉。这（短期利益）极具影响力，这才是商业世界的现实。"迈克冒着名誉扫地的危险与公司对抗，只因想达成他所期待的短期目标。"短期主义"是人类的本质。这不仅会引导我们做出违背他人利益的决策，还可能违背我们的个人利益。

启示？我们必须特别注意决策者的短期利益。短期利益会对决策产生巨大的影响，我们甚至可以看到满足这些短期利益会与决策者的长期利益相冲突的情况。

个人利益——底线

那么这些是如何影响到战略性决策的制定的呢？简单地说，在还没有意识到时，我们就已经偏向于选择那些对我们个人利益有利的选项了，特别是短期利益。我们可能会意识到个人利益在决策制定中所产生的影响。我们可能会意识到他们在影响我们的判断，但是或许我们不会意识到这些利益对我们的决策所产生的全部影响。例如，在业务部门经理列席执行委员会时，他们可能被扣上"公司的帽子"。尽管他们已经竭尽全力，可是他们在做决策时，自然的本能会使他们无意识地倾向于有利于他们本部门的因素。

虽然他们认为自己已经完全地将个人利益置之一旁，他们还是会受到所涉及的相关利益的强烈影响。

采取更多措施！

我们曾经提出个人利益对决策制定具有特别的扭曲效果。不幸的是，人们和机构总是没有对其采取充分的防御措施。例如，巴泽尔曼教授与其同事，向证券交易委员会提供了关于独立公司审计员个人利益行为的调查报告。他们仅仅是给出建议，认为审计员们在受雇佣或所参与的现行系统中不能够作出客观的评估，还推荐几种方法以加强审计员们的独立性。尽管如此，证券交易委员会还是没有按照巴泽曼的建议去做。同样地，有大量的证据（这也是种常识）表明，在医生们接受了制药公司所赞助的资金后，他们所作出的决策是偏向于资金赞助的。即便如此，医院很少对这类赞助进行禁止。

这是为什么呢？其中的一个原因在于，个人利益在很大程度上、很多方面都充当着推动组织及公司前进的动力，可这也会加深扭曲决策的风险，努力去排除个人利益对决策制定的影响，就犹如把孩子同洗澡水一起泼掉一样。授予经理们股票和期权的意图，在于激励他们去创造股东价值，这一意图要远大于增加他们个人财富的意图，这就同安然公司一样。迈克的个人利益鼓励他努力工作，作为公司的一员要表现得出色——也的确如此，他随后被提升为公司的总经理。

事实上，大多数的经济学理论，以及整个西方资本系统都是基于个人利益也就是为了共同利益这一推论。用 18 世纪经济学家亚当·斯密的话来说，"我所期待的大餐不是源自于屠夫，啤酒酿造者，或者是面包烘焙师的恩惠，而是源自于他们对于个人利益的追逐。"

保罗·劳伦斯和尼廷·诺瑞亚都是哈佛商学院的教授，在他们所著的《驱动力》一书中，他们确定了四种基本的人类驱动力：获得、交往、学习和安全，所有的这些驱动力中都包含了个人利益的成分。劳伦斯和诺瑞亚认为，一个组织为了取得成功需要运用所有的这些驱动力来进行治理。这就是为什么一般来讲，个人利益经常被视为一般影响，在做决策的过程中和组织生活中被人们所接受的原因。

甚至即便在人们认识到个人利益会引发潜在的扭曲时，人们所采取的抵制措施也是不充分的。例如，在丑闻传出时，许多人曾提倡增强对商人和商学院的学生们的道德教育。就像在安然公司、泰科公司（Tyco）以及世界通讯公司（WorldCom）传出丑闻时那样。然而，我们所看到的现实并非如此，人们对于道德的良好理解，不能改变受个人利益影响下的潜意识和那种强大的感觉对决策的影响。那还不如花费更多的时间，去让人们意识到，阻止大家不受个人利益的影响是不可能的；并且阐述一些实际的措施来平衡因不可避免的个人利益对决策所造成的影响。

避免错误决策就意味着我们需要特别仔细地考虑那些由个人利益所引起的潜在威胁。因为这种威胁在决策过程和组织生活中，常常被认为是一种正常且有用的因素。个人利益所提供的动机驱动人们去追求成功，获取成功。这常常被我们看作是一种积极的事情。危险就在于我们经常过度估计我们对个人利益的认知能力，以及消除由个人利益所引发的消极影响的能力，所以事情常常变得不可控。

识别不恰当的个人利益

个人利益常常会表现出来，仅有极少数的决策中没有掺杂着我们的个人利益。幸运的是，我们的个人利益常常是与公司的利益相平衡的。因此，它们会帮助我们做出正确的决策。只有当我们的个人利益与公司的主体利益之间产生矛盾时，才会引发问题。

一旦发生了这样的问题，它们（个人利益）就变得不合时宜了。那么我们要如何识别这些个人利益呢？我们要如何决定它们是否可能会导致问题呢？

最常见的会对决策产生影响的个人利益主要源于以下几个方面：

- **获取奖金，获取工作特权，晋升职位**。安然公司就提供了一个很好的例子。

- **达到特定的目的和目标**。有时候决策者会持有某个特定的，且极具影响力的目标——尤其是将该目标视为短期目标时。迈克就是在完成年度预算的重压之下，受个人利益的影响做出了糟糕的投资决策。

- **提高信誉和声誉**。我所认识的一位首席执行官，在其在位的最后一年，拒绝做任何的收购。因为那样做会暂时稀释每股所产生的收入，他想退休后依靠股票过上无可争议的高收益生活。

- **变得更受欢迎**。市场总监迈克面临着是否要辞退他下属的决策，他不想被看作为公司里的"匈奴大帝阿提拉"（残暴的象征）。

- **在工作中寻找开心**。不辞退他的下属，而是让他继续留任，这样迈克就能花更多的时间在品牌的整体策略和团队员工训导方面——那是他最喜欢的几部分工作。

- **获得更好的生活方式**。我们所采访的一家咨询公司的首席执行官在事后觉察到，他觉得他同意由首席运营官灾难性地将公司权力集于一身，其部分原因在于这样做能给他更多的时间与家人相处。莫里森·纳德森公司(Morrison Knudsen)是一家大型的建筑公司。其首席执行官比尔·阿吉举家搬迁至加利福尼亚州的圆石滩。公司的运营主要依赖于发传真、打电话、和行政主管们的每周报告，为此行政主管们要每周往返于首席执行官阿吉的家和位于爱达荷州博伊西的公司总部之间。这是为何呢？阿吉喜欢圆石滩的高尔夫球场，想要住在那里。尽管这样会造成明显的低效率和额外的花销。

幸运的是，我们不需要考虑某位决策者的全部个人利益。我们仅对那些可能会造成不恰当扭曲和不恰当决策的那部分个人利益感兴趣。我们可以通过关注决策者想要选择的选项中识别出不恰当的个人利益。通过识别哪些选项对个人具有诱惑力，或者哪些选项对个人不具有诱惑力，我们能够识别出那些不适当个人利益所在的领域。这一过程包括三个问题：

1. 是否存在哪些选项，可能对个人利益极具吸引力或者没有吸引力，尤其是那些对于决策者而言属于短期利益的选项？
2. 是否存在哪些利益可能与公司利益主体存在冲突？
3. 是否存在哪些足够强大的利益冲突，可能明显地扭曲决策的制定？

让我们引用一个例子来阐释这一问题：迈克的那个例子，新来的市场总监面临着关于是否要辞退某位品牌经理的决策。试想一下你就是他的老板，你想让迈克来挑选自己的团队，但同时你又想帮助迈克客观地作出自己的决策。

第一个问题在于，是否存在任何对迈克可能具有吸引力或者对迈克而言没有吸引力的选项。假若这样的话，那么选项就变得很简单了：留任他的下属，或者辞退他的下属。

考虑第一个选项，迈克可能发现留任他的下属这一选项对他具有吸引力。这一选项能够帮助他达成短期目标。他所被给予的短期目标是扭转业务局面。如果他能够让雇员的业绩彻底翻身，那么他就不需要再去找个适合人选，来替换原来的员工，并重新聘用了。这还将减少他被士气低迷的团队视为"阿提拉"的概率。这样还能够给他更多的时间来陪伴他的家人。这些个人利益建议迈克朝着留任员工的选项倾斜。

现在考虑一下第二个问题：迈克是否存在哪些可能会与公司利益相矛盾的个人利益吗？在迈克的个人利益中，避免被员工视为"匈奴大帝阿提拉"的个人利益正好与公司的利益相冲突，当然还有就是他想花更多的时间给自己家庭的个人利益。当然，如果迈克的下属拒绝同他一起工作，亦或是如果他为工作累得精疲力竭，这于公司业务而言都是没有帮助的。但是，如果迈克仅因为解雇他的下属可能会致使他变得不受欢迎的话，这么做是不恰当的。

迈克的短期利益是要达到他的目标,这看似与业务需求相一致。然而，因为你知道短期利益会过度地影响我们的思考，你可能会总结出这是一个红旗警示的情况。

最后，你要考虑一下第三个问题。迈克的哪些个人利益会严重地扭曲他的决策？很明显，这些个人利益中的任何一个都能够使迈克的思考出现偏向。换句话说，这有许多的红旗警示。你永远也不会确定迈克的思考是否出现偏差。但是你可以确定的是存在着一些不恰当的个人利益，这就足以让你亮起危险信号了。

当然也有一些制衡力量存在于迈克的身上。例如，他也私心想着拥有一个最好的团队。所以你可能想和迈克一起探讨这个问题，从而去更好地理解，到底哪个因素才是他最看重的因素。但是要当心！迈克可能受到个人利益的影响而不自知。如果你对于掌控迈克所遇到的这种情况毫无经验，你要小心了，亮起红旗警示，实施一些制衡的措施。

这个例子对鉴别红旗警示时的一个共同特征进行了阐述。有些红旗警示是很明显的；而对于其他的而言，你可能无法获取到你所需要的所有信息。通过仔细检查问题和核查表所得的信息，你可以鉴别出潜在的危险信号，并且认识到哪些进一步的研究更有帮助。

你不能确定一位决策者是否正受控于他扭曲的思想，并且你也不能消除制定错误决策的风险——但是你可以提高你的胜算。进一步这么做的方法将在第 10 章中进行讨论，当然在我们的网页 www.thinkagain-book.com 上也有论述。

综上所述，个人利益所展现出来的是各种不同的伪装。我们从安然公司的案例中所看到的那种个人利益上了新闻头条。然而，越是普遍的，越是相关的种类，在道德的界限上就越模棱两可。虽然这种个人利益没有必要上新闻，但是该种个人利益对于商业决策所产生的大大小小的影响却是数不胜数。它会对想要尽量做到客观的决策者产生影响。确实决策者总是相信他或她正在做出合理的决策，甚至可能在论证的合理性上使别人信服。然而，个人利益自始至终都是在幕后起着作用。这可能使决策者低估其效果，可是他们一旦这么做，后果就会很危险。

利用个人利益去驱动决策制定和组织生活是必要的。我们所需要担心的是不恰当的个人利益，当决策者的个人利益与其他利益相关者在决策上产生分歧时，就可能会明显地扭曲决策。不恰当的个人利益是我们的第三种红旗警示，在这种危险情况下，我们要强化做决策的过程。

08　不适当的情感依附

2005 年 3 月，美国总统乔治·沃克·布什提名保罗·沃尔福威茨为世界银行行长。沃尔福威茨本科就读于康奈尔大学，从芝加哥大学获得政治学博士学位，时任美国国防部副部长。在与他商议合同时，沃尔福威茨就公开了他与沙哈·阿里·丽扎之间的恋爱关系，丽扎时任世界银行高级通信顾问。这层关系违反了世界银行关于存在"真实或明显"利益冲突的规定，因此，沃尔福威茨提出规避任何与丽扎有关的人事问题的决策。

这一提议被提交给道德委员会，但是道德委员会没有在沃尔福威茨就任之前给出裁决，即 2005 年 6 月 1 日之前。道德委员会是由银行的三位常务董事构成的，他们一致认为，沃尔福威茨关于规避对丽扎人事决策的申请不足以解决潜在的利益冲突。银行的规定要求冲突各方在组织内部供职时，他们之间不能存在直接或者间接的督管关系，这样他们之间就不会存在职业接触。可是事实上，沃尔福威茨作为银行的行长，的确是对丽扎享有间接的监督关系。

沃尔福威茨对于这一决策感到不安。他认为他所提出的不对丽扎进行人事关系决策的申请，足以满足银行的规定，也足以消除潜在的利益冲突。因此，他选择不消除他与丽扎之间的职业接触。由于沃尔福威茨没有解决这一自身问题，道德委员会根据银行针对这种情况的广泛指导方针，被迫对这些行为进行评估，并给出解决方案。

再分配。丽扎可以被调动至银行的其他岗位，那些不受沃尔福威茨督管的岗位。然而，鉴于沃尔福威茨的职位，几乎没有什么相同级别的职位是在他权限范围之外的。丽扎的职业道路可能会受到影响。

双方同意解约。丽扎可以离开银行，并同意未来不再要求任何索赔，并且一次性接受银行大约6.5万美元（基于服务年限内每个月的工资水平）的赔偿。

外部服务。丽扎可以被委派到非银行性质的组织进行工作，诸如政府成员或者在客户端的工作。这些外部工作通常是为了满足加强关系、获取新技能、为外界团体提供技术支持的目的。如果他们属于外部员工，这部分雇员的薪资通常是由银行支付的。

道德委员会不认为银行内部的再分配能够起到作用，并且质疑丽扎能否在双方同意的前提下解约，因此银行推荐外部服务是她最好的选择。道德委员会还建议将她升为高一级别的职位，以此作为因更换职位而造成职业中断的补偿。（道德委员会感觉这是公正的裁决，因为丽扎已经在她现在部门升职了。）由于道德委员会不能够直接参与关于员工的讨论，因此它责令沃尔福威茨将这一问题移交给人力资源部的副总裁泽维尔·科尔处理。）

在沃尔福威茨的坚持之下，科尔在8月初会见了丽扎，并且敲定了一份协议。当然，沃尔福威茨根本就不应该参与到这个过程之中——还记得吧，他已经表示过他不想参与到任何与丽扎有关的人事问题之中。

丽扎告诉科尔，她将会由于一个不是因她而起的矛盾，被迫进行工作调动。尽管如此，毫无疑问她已经认识到了自己艰难的处境，因此她想努力做一笔好交易。她想要得到晋升，想要涨 5 万美元的工资，得到每年增长 8% 的工资，以及在 5 年和 10 年里得到晋升的保证。

科尔觉得这些条款是非比寻常的。与晋升相关联的涨薪一般会控制在 2 万美元，每年涨薪的比率基本是在 3% 左右，根本没有什么确保升职的条款。科尔将这些协商结果汇报给沃尔福威茨，沃尔福威茨又一次逾越了自己的权限，强制科尔接受了丽扎的条款。科尔觉得自己处于极端困难的处境，但还是尽力去达成一个修改过的方案：对于未来的晋职，丽扎将需要通过由她同事组成的陪审团（人员选择需经她批准）的评估。

沃尔福威茨对此还是不满意。他给科尔发了一份通知，按照他自以为正确的想法对协议的条款进行了详细的修订，通知表达了他对整个情况的不满，还争论道他认为自己不参加决议已经足够解决问题了。他看似没有认识到，触发这一切问题的最初根源在于他想加入银行的那个决定。更重要的是，正是由于他对丽扎的个人情感依附导致他做出了一系列不恰当的决策。

在一次单独的谈话之中，沃尔福威茨禁止科尔就丽扎的问题与银行的法律顾问及任何其他人进行协商。他之后解释道，他这么做是因为他认为法律顾问会陷入两难的境地，法律顾问不能在银行和银行行长之间给出建议。然而，这是一个奇怪的解释，因为只有银行和银行行长彼此之间存在相互争执时，这一论断才有意义——也就是说如果行长在为他自己（丽扎）的利益去损害银行的利益。针对这点，沃尔福威茨强烈地否认了他如此做过。即便如此，科尔遵从了这一要求。他于 2005 年 9 月签署了一份协议，经沃尔福威茨核查过。

甚至在此协议被签署之前，沃尔福威茨就写信给道德委员会通知其成员，丽扎签署了另外一份协议，因此问题已经解决了。他没有提供任何有关该项协议的细节，仅仅是暗示丽扎将会被迫离开银行，她的事业将很可能被毁掉了，而她从头至尾都没有任何过错。

这看似是问题的尾声了。然后到2006年1月，世界银行一群署名为"约翰·史密斯"的员工联系了道德委员会和董事会，他们声称沃尔福威茨存在管理不善和道德缺失的行为。一封来自"史密斯"的信件里，精确详细地阐述了有关丽扎薪资及晋职的交易，并且声称其指控是"为银行内界和外界所众所周知的"，并且"流言四起使员工士气大伤，而且极大地损毁了世界银行的信誉"。

道德委员会对这一举报进行了评议，并且认定"史密斯"信件内容没有包括任何有关丽扎的新信息，而对于她进行补偿的财务细节是在委员会的管辖范围之外的。道德委员会通知沃尔福威茨，委员会就"史密斯"信件一事将不采取任何行动。这一事件又一次被压了下来。

可是随即，整个事件在3月末被曝光了，《华盛顿邮报》刊载了一篇文章，报道了整个混乱的局面。尤其是针对丽扎的工资进行了报道。沃尔福威茨的发言人接受了这篇文章的采访，并且宣布"关于沙哈·丽扎的安排是由银行董事会指示的"，这根本是子虚乌有。另一家新闻媒体继而报道了这个故事，流言四起，像鬼火一样迅速传播开来。在4月6日这一天，银行董事会成立了专责小组对沃尔福威茨道德败坏、管理不善等举报内容进行了调查。

沃尔福威茨继续辩驳。他声称他将道德委员会推荐的方案理解为给予他的官方指令，用于快速且私下解决丽扎这一问题。然而，这一解释将沃尔福威茨捅入利益冲突的核心，银行一直极力试图避免这种利益冲突。沃尔福威茨认为 5 万美元的涨薪是合理的，他声称丽扎在前些年因为一些不合理的原因被禁止升职，因此这是她应得的补偿。这也太过于虚伪了，因为这种说法应该是通过适当的人力资源流程处理。沃尔福威茨继续辩解道，他只是在执行道德委员会的命令。沃尔福威茨和丽扎都宣称造成整个局面不是他们的错，他们都不想这么做的。然而，最终在世界银行的一份声明中，沃尔福威茨承认，他不应该被卷入到有关丽扎问题细节的协商之中。

时至 2007 年 5 月 14 日，专责研究组提交了调查报告。结果发现沃尔福威茨的确违反了员工准则，违反了与其签署的合同，忽略了避免任何利益冲突的要求。三天后，董事会宣布接受了沃尔福威茨强硬的回应，他说，"他认为他言行谨守道德准则，并且诚心诚意地工作，为机构的最佳利益行事。"董事会还十分有效率地于 2007 年 6 月 30 日宣布接受了沃尔福威茨的辞呈，并且感谢他为银行提供的服务。

关于保罗·沃尔福威茨的故事，以及他在这一过程中所作出的一系列典型的错误决策，是他与沙哈·阿里·丽扎之间显而易见的情感依附结果。很明显，他是一名陷入与自己利益相关冲突的领导，他非但没使用与他所在组织规定相一致的方式来解决问题，还试图以刚好相反的方式解决问题。显而易见，他不仅是在为他的女朋友寻求更多利益，他还利用每一个机会抱怨他所处的困难处境。

个人情感依附环绕在我们四周，并且会对任何一个决策产生关键的影响，有时会给我们造成极大的损害。我们的研究发现，情感依附可以和我们生活中的许多方面一样有价值，也可以使我们在不自知的情况下就陷入困境。

情感依附是需要考虑的一个重要问题。它们给我们的生活带来意义和快乐：我们对朋友们的情感依附，对家人们的情感依附，对社区的情感依附，对地点的情感依附，甚至是对那些于我们而言有重要意义的物品的情感依附。事实上，我们在作决策的时候，想不受这些情感依附的影响是不可能的，但是在某些特定的环境下，它们可能导致我们做出错误的决策——就像保罗·沃尔福威茨那样，就太晚了。

情绪化的情感依附会导致英明的领导做出糟糕的决策吗？沃尔福威茨的故事是一个众所周知的例子，该例子显示的结果是情感依附能够产生一定的影响。但是对决策产生影响的情感依附并不一定需要有多么的亲密。

惊人的情感依附

即便是像我们这样，参与过有关错误决策深度研究的人，都会倾向于非理性的情感依附。在安德鲁·坎贝尔成立亚许里吉战略管理中心作为阿什里奇商学院的子公司时，他所做的第一件事就是私下授权设计并开发新子公司的标识和信笺纸。他乐在其中，对其所产生的个人身份，以及随后新实体的经济增长都很满意。两年后，对于阿什里奇品牌的一次评估导致了这样的一个决定，即在母公司层面创建一个为所有部门所共享的商标和共同的身份。这导致了安德鲁与营销主管之间通了一个气氛特别紧张的电话。安德鲁想要力争一个标准化过程中的例外，因为他感觉如果子公司不能以独立的形象展现在世人之前的话，子公司将会受到影响。

这通电话变得很激烈，作为营销部主管她强调自己的观点，而安德鲁继续为他所设计的标识进行争辩。最后，在安德鲁意识到他的争辩有失条理时，他挂断了电话。挂断电话的瞬间，他就大哭起来。他对于这个标识的情感依附是那么的强烈，有失理性。几周之后，他很明确地意识到，并不是新的标识比旧的高级，而是标准化所带来的利益要远大于个性化的利益。然而，在他打电话之前，他还没有意识到他对标识的情感依附的强烈程度，以及它所代表的一切。安德鲁对于标识的情感依附，强烈地影响到他对中心最好营销方式的决策。

在以上的两个故事中，情感依附的形成是强烈情感体验的结果，情感依附还产生了强烈的情感标签，具有驱动决策脱轨的能力。情感依附关系与其他利益主体的利益相互冲突，在我们的案例数据库中有将近一半的错误决策例子都是由于情感依附引起的。基于这个原因，理解哪种情感依附是我们所需要留心提防的，它们是如何影响决策的就变得很重要。

情感依附影响惊人的范围。从恋人到商标，情感依附能够形成十分广阔的范围，甚至是一系列十分奇怪的东西。诚如我们所见，决策者能够受到对汽车的情感依附影响，也能受到对衬衫质量的情感依附影响。这意味着我们需要考虑的潜在情感依附的范围十分广阔。

情感依附在本质上可能是欢快的或险恶的。我们需要考虑的不仅仅是我们的积极情感依附，还有"消极"的情感依附——诸如在第3章中描述的王安对于IBM的敌意。恐惧、憎恨和遗憾都能够影响到我们的决策，并且同希望、爱情以及幸福的回忆一样具有强烈的效果。

情感依附具有微妙的力量。我们常常低估我们自己的情感依附以及其他的情感依附所产生的影响。源自情感依附的所有情绪，大多数都看似是良性的。结果决策者甚至是他们身旁的人，尤其会倾向于忽略情感依附所带来的固有危害。启示在于我们需要特别谨慎地去考虑由情感依附造成的潜在偏见。

情感依附的惊人范畴

情感依附这个词最容易让我们想到的是我们与家庭，以及与朋友之间形成的社会联系。但是正如我们将要看到的那样，我们人类能够对一大批的现象产生依赖，包括家庭与朋友，社区与同事，以及其他的东西，诸如：商业，偶像，或者不同的地点。

家庭和朋友

爱（或者至少是亲密的关系）使这个世界运转起来。

即便如亚当·斯密这般著名的偶像，也认为个人利益是关键的经济驱动力，他认为社会联系是人类的基本特征："无论一个人有多么自私，从其本质上讲，他总是明显地坚持一些原则。这些原则使他对别人的财富感兴趣，觉得别人的幸福与他息息相关，虽然除了乐见其成之外，他从中什么也得不到。"达尔文是那些信奉"适者生存"原则的人们的偶像，他同样将社会关系视为人类的基本原则："每个人都会承认人是社会的人。我们从人们不喜欢孤单，从人们想要融入除了家庭以外的社会中看到了这条原则。单独拘禁是可以施加的最为严酷的惩罚。"

我们直觉地认为人类是社会性的动物——我们需要社交关系，我们会做些事情来发展和增强这些关系，而且当我们失去或者打破这些关系时，我们会感到悲伤。

在《驱动力》一书中，保罗·劳伦斯和尼廷·诺瑞亚强调解释了为什么"驱向联结"是如此普遍，正如他们所提出的那样。联结依附的最基本类型是针对那些与我们的配偶、家庭、朋友以及团体、社团或者我们所属组织的关系。部分解释说这是一个很自然的选择，因为早期人类是以小团体的形式居住的，合作能够提供很多好处，可以猎杀更大的猎物，更容易战胜敌人。那些想要帮助他们家族和部落的人，比不进行合作的人生活得更好。因为整个部落会做得更好。自然选择确保了鼓励合作行为的基因，这种基因被传递了下去，被称之为"互利主义"。另一个补充解释是性选择。爱情、亲善、慷慨、关心，以及忠诚都在不断进化，因为女性了解如何欣赏它们。只有展现出这些美德的男人才能获得性，拥有孩子，传递他们的基因。现如今的女人们（和男人们）也都想找一个善良有吸引力的性伴侣——这是某项研究的调查结果。此项研究在对37个不同文化背景进行调查后得出了该结论，并认为这是寻找伴侣最重要的因素。

社区和同事

我们对于家人以外的人也变得依赖起来。感觉像我们一样的人，或者属于我们团队的一些人，能促使我们同他们建立起一种依附关系，并且影响我们做决策。

例如，悉尼·芬克尔斯坦在达特茅斯的塔克商学院做的练习之一是一场模拟谈判，谈判包括了三方，每一方都有各自不同的利益。这个练习的设计目的在于鼓励双方或三方选手产生冲突。任何一方可以与其他一方进行协商；没有必要让三方共同参与到任何一次协商之中。悉尼通过同样精细的规则，利用塔克两组不同的团队，进行了这次练习：MBA的住宿学生和高年级的行政管理学生参加了为期三周的培训课程。从这两组得出的结果是截然不同的。MBA的学生基本上是与一些合资公司进行信息协商，从而使各方的合作多于竞争。然而，行政管理的学生基本上是与一方或者第三方达成一致，以此来收买他们的竞争者。

为什么会有这种区别呢？

MBA学生——尤其是就读于像塔克那样一些小型学院的学生，是以其高度互动和社区主导型文化而闻名的。他们在两年内建立起彼此之间的依附关系，这些方式不是行政管理专业学生在仅仅三周时间内能够得到的。对于塔克的MBA学生们而言，谈判协商可以使各方"保住颜面"，并且在合资企业中发挥一定的作用。（即便这样的谈判协商对于他们自身而言，并不是最优的选择）谈判协商与竞争策略相比，是更具有吸引力的选项。行政管理的学生还没有与他们的同学建立起同样深层次的依附关系。这种模式的结果可能还会反映出在经验或者其他方面的差异，但是想要理解这些群体类型是如何不同的，个人依附关系看似起到了首要且中心的作用。

另一个例子是关于依附关系是如何影响决策的控制型实验，考虑一下以下的研究。给实验的受试者一个案例，案例中要将一定数量的钱分给他们自己和一个虚构的伙伴（或者是一位邻居，亦或是一名同学）。

给出受试者 126 个不同的选项，这些选项是关于可支配的钱的总额，以及钱的分配方式。随后，要求受试者对他们进行打分，分数与选项带给他们的开心程度相对应。然而，有一定程度的扭曲暗示。一半受试者被给予了对同伴的积极描述，以此暗示受试者他们对同伴很依赖。例如："你很喜欢史密斯一家"。另一半受试者被给予了对同伴负面的描述，例如："你和史密斯一家有很多不愉快的个人经历。"

正如你所预料的那样，在其他条件都相同的情况下，受试者获得钱的绝对数额越多，他们就越高兴。也正如人们预料的那样，在其他条件都相同的情况下，当受试者收到的钱比他们的伙伴少的时候，他们也会表现得不开心。然而更有意思的是，当他们收到比同伴更多的钱时，他们的感觉是如何的呢？

那些被给予良好同伴描述的受试者们偏向于史密斯一家能够得到和他们同样多的钱，并且强烈反对拿到比同伴更多的钱。例如，大部分受试者被给予一个情境，在这一情境之中，他们比史密斯一家赚的钱多，如果允许史密斯一家多赚一百美元的情况下，他们会偏向于少赚一百美元。总而言之，参与者极其重视那些他们感觉有依附关系的人是否受到公平的对待，是否得到了与他们自己等额的钱。

相反，对于那些被给予不良同伴描述的受试者们，如果他们收到了比史密斯一家更多的钱，他们倾向于漠不关心或者勉强能够接受。

此项研究为我们在直觉上认为正确的观点提供了论据。对我们认为与自己有依附关系的人施加影响，能够强烈地影响到我们自己的决策。用那些我们认为不公平的方式去对待与我们有依附关系的人，我们会产生消极的情绪。用那些我们认为是公平的方式，去对待与我们有依附关系的人，我们的感觉是积极的。如果我们的情绪随后影响了我们的判断，这或许是因为我们没有意识到他们的全部影响力。随即他们就有可能不恰当地扭曲我们的决策。进一步讲，如果实验的受试者能够受到与所描述的假想伙伴之间依附关系的影响，那么对于与我们有真实依附关系的那些人，我们的决策又会受到多大程度的扭曲呢。

总的来说，依附关系是值得赞美的，而且也诚然是我们人性的一部分，我们需要认识到，他们是能够影响到我们做决策的，而且在特定情况下，他们能够导致我们做出愚蠢的决策。

心爱的对象

就像人一样，东西以及地点也能够获得特定的意义——这或许是因为我们将其与我们之前的经历相联系在一起，给他们贴上了特别强大的情感标签。例如，三星（Samsung）的前任董事长李健熙就是如此。他依恋于一种吸引人的东西，这种东西再平常不过了，那就是汽车。然而，在李的案例中，它却对商业决策产生了灾难性的影响。

李健熙是韩国手机三星公司的创始人李秉喆的第三个儿子。李健熙在东京读的大学，曾远赴美国读商业学校，并且在此前曾管理过家族公司的不同部门，1987年他被任命为董事长。

李健熙接班时，三星正因为生产高利润的储存卡和手机而风头正劲。在这样成功的背景下，新当家宣布要进行"二次创业"，并且宣布了他想要打造世界级别的新公司的意向，想要为21世纪做好准备。时至1995年，他接近于要实现他的目标了。三星成为韩国排名前三的公司，并在诸多行业中占有重要的地位，在下个世纪具有光辉的前景。

在那年，李健熙又发布了另外一条引人注目的通告。该通告令众多旁观者及其公司的职员大感疑惑。三星公司的李健熙宣布将开始转型成为汽车制造商。不错，汽车制造业是一个迅速发展的行业，不只是在韩国，在整个亚洲都是如此。然而，放眼全球，汽车制造工业已经发展得相当成熟了。可是，汽车制造技术的发展速度要远远落后于电子领域，并且世界级别的汽车制造商都在疲于应对制造业产能严重过剩的问题。许多人都质疑过李的决定。三星的一位内部知情人士解释道，"许多人相信有更多，更好的投资机会，而汽车产业根本就不是一个好的选择。"

董事长李健熙还面临着许多来自外界的重大阻力。韩国政府制定了一项政策，该政策限制了可以参加到支柱产业之中的公司的数量，以此来控制竞争，鼓励经济的平衡发展。总而言之，政府想要大型集团企业缩减他们所涉及的经营范围，而不是增加其经营范围。韩国已经有两大汽车制造商了，他们是现代和大宇。因此，三星请求进入汽车产业的要求被韩国的产业能源部所拒绝。银行也没有对三星集团的投标予以帮助，他们不愿应三星的请求放贷巨额资金去建一个工厂。这些钱足够创建一些具有竞争力的单位。因为承担巨大的风险，银行坚持要以三星公司的其他业务做担保。

李健熙没有放弃他的想法。他计划在韩国总统金泳三的故乡选址建立新厂，尽管这造成了很多不利因素——每辆车的成本要比竞争对手高出近40%。三星的工程师们开始设计自己的梦幻工厂，高度自动化的设备里包含的内部车道十分宽阔、巨大。设备中使用自动车辆，通过彼此需要腾出很大的空间。

"三星人对于汽车工业没有想法，"三星汽车公司的前首席顾问，姜明韩（Kang Myung Han）说道，"钱是从工程师的视角以及宠坏的高管手中支出的，不是会计安排的。"

随着三星持续推进该项目，三星的韩国竞争者试图阻止它。他们禁止其供应商为三星公司制造元件，并且拒绝"技术"分享。结果三星不得已与没有经验的韩国供应商建立了合作关系，并且在国外寻找的新合作关系。李健熙还批准了以销售额的 1.7% 为标准给予提成，以引进日本制造商尼桑的技术。由于韩国汽车公司销售的平均利润还不足 2%，仅尼桑的提成就耗尽三星的大部分利润——如果他们造出了什么的话。正如悉尼·芬克尔斯坦在他的作品《聪明的经理为何会失败：从辉煌到湮灭》中所总结的那样，"面对这么多的劣势，只有奇迹才会使汽车工业继续发展。"

更糟糕的是，韩国的汽车工业前景开始恶化，而且销售额增长减缓，通过扩张计划造成的产能过剩将达近 100 万辆汽车。分析家预测，到 2000 年产能利用率可能下降到仅为 60%。即便是诸如尼桑、马自达那样根基稳固、运营良好的知名汽车制造商，也开始发现前路艰难。

鉴于所有的这些阻碍和不好的预兆，李健熙董事长为什么还是不断做出错误的决策，支持继续推进呢？有很多种可能的解释。可能是因为他的承诺使他不可能识别出项目终将失败的证据。

然而，这更可能是由于李健熙喜欢汽车——这种对物品的依附使问题变得混乱复杂。李董事长是位汽车爱好者，他一生的梦想就是想要自己去生产汽车，这并不是一个秘密。媒体和其他商界领袖推测，李的决策一部分是因为他对于汽车的钟爱。正如一位内部经理评价的那样，"三星企业集团的董事长李健熙对于汽车的热爱是出了名的。他就是想在自己投资的企业中拥有一家汽车公司。

正如除了李以外的几乎所有人所预计的那样，该项目变成了一场灾难。在1997年，在工厂部分建成时，亚洲经济进入了严重的衰退。在韩国和亚洲大多数的其他国家中，汽车销售量暴跌。在接下来的12个月里，随着汽车行业和消费者努力减少自身的高额负债，汽车销售量下跌，不足先前消费水平的40%。另外，货币汇率的大幅变化导致某些进口零部件的成本大幅增长。

尽管如此，李坚持己见，三星的第一批汽车正式下线，并且于1998年3月进入市场。尽管对于这批汽车的好评如潮，三星汽车销售量不足5万辆，而且大部分汽车是由内部的员工购买的。在1998年的上半年，汽车部门宣布净亏损1560亿韩元，三星集团负债增加至3.6万亿韩元。时至1998年12月，主要工厂关门，到了1999年年初，三星汽车公司进入破产管理程序。

结合1998年和1999年的经济衰退，汽车部门的失败使三星集团陷入了危机。一线员工被迫减少至5万名，李健熙被迫动用他的个人资产偿付20亿美元，用于对汽车行业债权人的结算。在2000年5月，汽车制造的经营权被转卖给法国汽车制造商雷诺公司，其中1.2亿支付现金，另外的4.4亿美元根据未来的销售利润有条件支付。这还不足三星投资额的十分之一。

我们会产生情感依附事物的范围很广阔。最常见的一种情感依附就是针对那些商业元素，他们对于决策者有着特殊的情感意义。例如，大型建筑公司的董事长参观了与企业战略相关的MBA课程，课程是由合著者之一讲授的。在上课之前，一组学生对于公司的各种不同业务进行了分析。他们所得出的结论是，大部分的业务与公司的能力和技能是相适宜的，其中包括：采购、项目开发和大型项目管理。然而，有一项业务被视为是不适宜的：为零售商提供专业的建议，用于争取改装他们的店面。这部分的主要功能在于为客户设计，以及与客户协商。

在这组学生进行演讲时，这位董事长聚精会神地听着，然后他站起来做了回应。针对小组对公司各种不同业务的评估，他做了深思熟虑和细致入微的评论，最后他转向专业零售业务。他说，"是的，你们是对的。那项业务是不适宜的。但是我喜欢它！它很令人兴奋。我欣赏它。此外，它不是太大的一部分业务，不会耽误我太多的时间——所以我保留了它！"

在董事长的决策背后是一种对于保留这种业务设计的情感依附。或许它缘自他加入建筑公司之前的的职业生涯。他之前的职业是做些专业性和技术性较强的业务工作。他现在所从事的建筑公司的业务与他之前的工作相比没有那么强的技术性，也没有那么具有创新性。他对于具有创新性和创造性风格的零售咨询业务发展出了强烈的情感依附。这就是为什么在确实不适合保留这项业务的情况下，他仍告诉MBA学生他将会继续保留公司的投资组合。

这给我们的启示是有些情感依附会十分强烈，因此特别容易影响人们的决策。这种激情可能很难以抗拒，带给决策者和他们周围那些人以远见卓识和灵感迸发的假象。

是阳光明媚还是乌云密布？

李健熙董事长对于汽车的情感依附是高度积极的（虽然它导致了极其消极的结果），但是情感的标签也可以是消极的，它们同样会影响我们的决策。

在埃利森对仁科公司（PeopleSoft）的收购战期间，消极情感似乎对仁科公司的克雷格·康韦以及甲骨文（Oracle）的拉里·埃利森的决策产生了影响。正如康韦自己所说，"这场敌意收购将最终成为历史上耗时最长的收购之一，花了将近18个月，双方公司花费了近2亿美元的诉讼费。"行业观察家评论说，两家公司在敌意收购过程中均有损失，因为他们忽略了对顾客群体和创新性的关注，这样会致使竞争对手有机会重拾市场份额。

这场战争是场粗暴的战争，有时候甚至是无所不用其极的。埃利森起初郑重宣告他将大刀阔斧地改革仁科公司。解雇仁科的大部分员工，逐步淘汰其产品，摧毁顾客对于该公司的信任。随后，甲骨文公司向世界保证，它将会在接下来至少十年的时间里继续支持仁科的产品。仁科公司因埃利森的反复无常变得很邪恶。康威创建了一个极其聪明的"毒丸"战略，以此牵制甲骨文的掠夺者：仁科承诺其客户，如果仁科被收购，就为其客户提供相当于他们每年合同费用二至五倍的折扣。

是什么使得这场特殊的收购变得如此针锋相对？是拉里·埃利森与克雷格·康韦之间的彼此憎恨。埃利森以自我和个人主导的性格而闻名。埃利森的许多副手都不能容忍他的做事风格，从甲骨文辞职去其竞争对手的公司工作，其中最为引人注目的一位就是克雷格·康韦。埃利森永远不会原谅他。埃利森曾说过,"我是热爱动物的人。但是在一种情况下我会射杀他的狗,那就是如果克雷格和他的狗站在一起时。相信我,如果我只有一颗子弹,我一定不会打死那条狗的。"最终,仁科公司的董事会解雇了康韦,买卖谈成了。

我们可能会因为之前发生的事情对别人心存敌意(正如案例中所提到的埃利森和康韦那样),或者仅仅是因为他属于敌对方就对别人心存敌意。有时候这种敌意被掩饰为对我们自身团队的忠心。这就像一个帮派成员袭击敌对帮派的成员一样,原因仅仅是因为他们分属两派。例如,在英国,一个帮派的成员与另一个帮派的成员相互联系,仅仅是因为他们居住地区的邮政编码相同;而他们攻击敌对帮派的原因只是因为他们居住的地区不同。例如,2007年4月一个伦敦男孩被敌对帮派刺死。附近的一位居民对这起袭击事件的起因进行了解释:"那些茅草别墅(the Thatched House)男孩的邮编是E15而全民男孩(the Cathall Boys)的邮编是E11:这一切都是因为邮编引起的。"研究人员进行了实验以确定我们会以一种狭隘的方式采取行动,在我们为保护自己的团队利益而准备牺牲个人利益时,我们会同时意识到我们的团队正以损失别人的利益为代价而受益。我们尤其对那些被视为"叛徒"的人充满敌意:他们是团队的成员,却做出损伤团队利益的行为。

消极情绪可能会以一种与积极情感依附相似,却截然相反的方式影响我们的决策。例如,嫉妒会抵消我们对公平以及对帮助他人的渴望,并且通过让我们做选择的方式来影响我们的决策,通过选择我们可以胜过他人。恐惧能够使我们对他人采取先发制人的行动,用以阻止他们出人头地或者伤害我们。在实验室实验中,这两种情况都被证实会对我们的决策产生影响。实验还对我们提出建议，那就是在我们不信任对方时，这种感觉更可能影响我们的决策。比如在我们不认识他们是谁时。在战略决策的背景下，如果我们不信任决策所涉及的其他人的行为，我们更有可能受到这种敌对感觉的影响。

消极情绪的存在对于鉴别红旗警示有着十分重要的启示。决策的制定不仅仅受到积极情感依附的影响，还会受到敌对、反感、嫉妒和恐惧情绪的影响。因此不仅提出诸如"决策者有什么情感依附？"这样的问题很重要，提出"什么样的敌对情感或许能够影响他或她的判断？"的问题一样很重要。

情感依附对我们有欺骗性

就如同任何情感一样，情感依附所产生的效果可能极具欺骗性，实际上它们很难被识别出来。即便我们意识到了它们所造成的感觉，我们或许也不会意识到它们是如何影响到我们的决定的。然而，情感依附还有许多其他的特征，使我们低估了它们的影响。尤其是附带情感经常在伪装之下产生作用。在我们正被潜在的不恰当感觉影响时，它们能激起一种感觉，让我们觉得这是客观、理性的。

例如，安德鲁随后意识到了他对自创标识的情感依附是不合理的。他那时虽然意识到了感觉对自己的影响力，他还是认为自己的争论是合理的。他直觉地认为让标识保存下来是很重要的，他为此论点寻求论据，想要维持它。如果他意识到自己感觉的影响力，他为什么不能够认出、抵抗可能由这种力量所产生的偏见呢？他为什么要允许他的合理思维（他极善于据理力争）被他的那种感觉所劫持呢？一部分原因在于，情感依附所创造的论点在直觉上是特别诱人的。如果我们的情感依附是为了其他人，那么代表他们去争论会显得没有私心。如果情感依附是什么好东西的象征——在安德鲁的例子中，从头开始创建一个研究中心，代表它的利益争辩的这种感觉依旧良好。

在第 6 章中，我们探讨了博姿公司的首席执行官史蒂夫·罗素，以及他要进入医疗服务业的决策。他赞成该项特殊的增长策略，其部分明确的论证是博姿的员工需要信仰一些重要的东西。无论是对他还是对其他人而言，他对于员工们的情感依附一定会看似是一个合理，且值得称赞的理由。以此去为大型但却停滞的基本业务寻求新的机遇。但是这一错误的决策却导致公司冒着风险进入了医疗服务领域。

再来思考一下玛莎百货公司（Marks & Spencer）收购布鲁克斯兄弟（Brooks Brothers）男士服装品牌的这一错误决策的例子。1988 年玛莎百货在其董事长德里克·雷纳的领导下，以 7.5 亿美元的价格收购了布鲁克斯兄弟。布鲁克斯兄弟的零售连锁店以其生产的扣式衬衫而闻名。代表了美国华尔街的制衣传统和美国的商业。雷纳想要收购该公司是因为他感觉这将会提供一个玛莎百货在美国开疆拓土的机会。可是事实证明，他买的是一个毫无用处的废物。宣布成交的当天，玛莎百货股票下跌 4%，尽管受到玛莎百货的青睐，布鲁克斯兄弟从未创造出可观的业绩，最终，玛莎百货于 2001 年 11 月，以 2.25 亿美元的价格将其出售，导致公司损失超过 1 亿美元。

雷纳为什么会犯这样的错误？

毕竟他很清楚零售部门并不是一直运营良好。玛莎百货在北美的早期经验就证实了这一事实。前董事长马库斯·西夫收购了加拿大的人民商场（Peoples Department Stores），这被证实为他最大的错误决策。正如朱迪·贝文在《玛莎百货的兴衰》一书中所描述的那样，简单地说，玛莎的形式不适合加拿大的购物者。当问及一位亚伯达的妇女，为什么她不在附近的玛莎百货购物时，她回答道她不想在医院病房里购物。因此，雷纳清楚地意识到了玛莎百货在英国本土的成功或许不能够移植到海外市场。

雷纳对布鲁克斯兄弟公司的市场价值也有一个好的想法，那就是他的团队试图以4.5亿美元的价格完成收购，而不是他最终以7.5亿美元的价格进行收购。雷纳的团队也曾建议他收购别家，但是雷纳拒绝了其他选项，坚持收购布鲁克斯兄弟公司。更值得一提的是，雷纳非常聪明，拥有很棒的历史业绩表现。在他领导的四年里，从1984年至1988年期间，玛莎百货完成了现代化进程，从一个家族企业转变成为每股收益翻倍的公司，收入从29亿英镑涨至46亿英镑。

基于他所有的知识和经验，雷纳花了几近布鲁克斯兄弟公司市值的双倍价格收购了该公司。

问及原因：那就是雷纳喜欢这家的产品。他"倾心于布鲁克斯兄弟的服饰，大部分的产品是符合雷纳的年龄层次和品位的"。虽然他的顾问提出了6个可能的收购目标，雷纳却无视其他公司，"径直奔向了干练风格的高档品牌布鲁克斯兄弟连锁店"。

鉴于雷纳的个人经历，他对于布鲁克斯兄弟品牌以及其产品的情感依附并不足为奇。他成为董事长时，他已经与玛莎百货共度了三十多年的时光。其中几乎大部分时间都是在马库斯·西夫这位前董事长的羽翼下度过的。西夫以及企业的其他成员一起掌控公司长达一个世纪，他们创建的企业文化是产品和供应商的质量是至关重要的一个环节。正如公司董事们所享受的高品质生活一样，他们出行乘坐配备专属司机的劳斯莱斯车，他们仅在豪华酒店召集行政会议。

雷纳将自己浸泡在高品质的服务中，并且极其关注细节。贝文写道，"每天早晨7：30，顶级的食品高管将在六楼的一个区域会面，这里被称为美国标准局，他们在这里品尝当天送抵的新一季的水果的样品。"

"总会有这样那样的问题，"时任食品高管，现任公司执行总裁斯图尔特·罗丝说道，"不是油桃太酸，就是蜜瓜不够熟。德里克是个很偏执的人。我还记得因为芒果的质量与他争吵过。"

雷纳对于质量有着不可动摇的情感依附，而布鲁克斯兄弟的品牌就等同于质量。不仅仅是其生产的扣式衬衫和自然肩的西服套装是华尔街的制服传奇，他们的连锁店还提供从容不迫的老式的礼貌服务。雷纳被推销商告知，布鲁克斯兄弟品牌是一面锦旗，这一锦旗是布鲁克斯兄弟品牌所应得的。而雷纳全盘接受了这套逻辑。

是什么使得雷纳对于布鲁克斯兄弟的情感依附变得如此具有欺骗性？那是因为雷纳能以注重品质且提供高质量产品的公司将会更适合玛莎百货的论证为正当理由来完成收购。这样他就不可能意识到自己受到情感依附影响的程度有多大，他只是部分地意识到了影响。他很难看清布鲁克斯兄弟品牌只值他所付代价的一半。

在大多数现实生活的决策例子中，还存在其他几乎肯定会起到影响作用的红旗警示条件，但是看似使雷纳和一直提醒敦促他要谨慎的玛莎百货的同事产生分离的原因是——他对于布鲁克斯兄弟品牌的产品和所提供服务的情感依附。

这些例子的共同点是：由决策者们所提出的观点，感觉都很合理。安德鲁·坎贝尔觉得他的标识比母公司的标识更适合他的公司。史蒂夫·罗素想要给博姿公司以希望。德里克·雷纳觉得收购公司的品质是符合他对玛莎百货愿景的代名词。

感觉良好的情感依附

情感依附不仅感觉起来看似很合理，他们还经常会驱使我们做出些感觉良好的决策，通过诱惑和欺骗我们的感觉来增加风险。例如，在做决策时，当决策对我们所依附的人或者事物有威胁时，我们就会产生愧疚感和强大的保护欲望，这些感觉会对我们的选择产生巨大的影响。

合著者的一名私人助理，在她被发现访问，且阅读了其同事的一封私人邮件后，被办公室经理当场炒了鱿鱼。合著者极力主张该事件所遵循的程序是不合理的，应该使用更加慎重的方式。他争辩道，私人助理违反规则的行为在有些场景下是情有可原的。

然而，这件事过了一段时间以后，合著者意识到他反对炒掉私人助理的真正原因是他对私人助理的情感依附，因为他们在一起亲密工作有许多年了。而这种情感依附并非是不同寻常的，他在炒掉私人助理时，竟然没有意识到情感依附对于他行为的驱使程度，这是很令人吃惊的（至少对于作者而言是很吃惊的）。他为公司的行为感到愧疚和不耻，强烈地想要保护自己的助理，这个突然之间失去工作的人。他讨厌办公室经理的情绪（消极情感依附）十分突出，他憎恨她，并且感觉她飞扬跋扈，冷酷无情。虽然事后他意识到她只是努力想要做到始终如一地遵守规章制度。

不像沃尔福威茨的案例那样，这个案例没有涉及浪漫的爱情。但是该案例却像受爱情影响的案例一样，它释放出一种复杂强大的混合情感：愧疚、羞耻、愤恨、心软以及关心，合著者片面地意识到了这些情感，但是却没有全面地意识到这些情感对于他争辩的扭曲效果。

情感依附能够利用强烈的情绪，充满戏剧性地影响决策的质量。这给我们的启示是：不能低估情感依附影响。

识别不适当的情感依附

我们在此对如何鉴别不适当的情感依附做出描述，不适当的情感依附是指那些可能被认为是不适当的决定。我们的描述相对简洁是因为这一过程与如何鉴别不适当的个人利益相类似。

由经验可知，以下方面是情感依附最常见的来源：

• **同决策者一起工作的人们**。首席执行官们或许会对递交审批计划的经理们感到依赖。经理们或许会对申请更高职位的直接下属感到依赖。想要找出一位不会对一起工作的人们产生情感依附的公司领导诚然是件令人困扰的事情。

• **同决策者没有工作附属关系的人们**。例如，在前面描述过的关于在塔克商学院里做决策的练习。在学校一起生活几个月的MBA学生与在校一起生活仅几天的学生相比，在行事方面所做出许多决定都不尽相同。学生们已经很清楚地发展了自己的依附关系，这种依附关系影响到了他们的决策。

• **商业元素**。决策者对不同的业务单位、工厂、工地、功能发展出依附关系，这一过程就如同建筑公司的董事长对零售咨询业务产生了依附关系一样。决策者还可以同供应商、批发商，以及消费群体建立起紧密的联系。例如，玛莎百货的领导对公司的本地供应商产生情感依附。这导致了玛莎百货利润的骤减，并且任命了新的董事长着手国际采购方面的业务，以开创新的重大转变。

情感依附也可能是消极的。王安憎恨IBM公司。这种情感依附导致了王安做出关于个人电脑的操作系统的糟糕决定。

• **标志性的东西**。商标、产品、礼物、纪念品——几乎任何东西都能够成为决策者的标志性物品。对于雷纳而言，布鲁克斯兄弟衬衫就是质量的象征，这吸引了他——产品的定位是针对他这个年龄段的在企业界工作的人。安德鲁对阿什里奇的标识产生了极大的情感依附，这个标识对他而言象征着他参与创建和发展起来的公司。

• **地点**。决策者曾经工作的地方，在关键期所停留的地方，或者某一特殊经历发生的地方，能够导致明显且强有力的情感依附。尝试过劝诱别人转向充满生机的新机会，但却最终碰壁的人能够很好了解到情感依附的力量有多大。

鉴于情感依附范围的广阔性，鉴于了解个人全部情感依附的困难性，我们需要一些实用的方法来分析情感依附，这样我们才能够鉴别出哪些情感依附是不适当的。因为个人利益的存在，我们需要能鉴别出那些可能会显著影响我们决策的情感依附，以及哪些情感依附的影响与其他利益相关者的利益相冲突。因此，在尝试剔除不适当的情感依附时，我们建议问一问自己以下几个问题：

1. 决策者是不是对哪些选项如：人、地点或者东西存在情感依附或者敌对情感吗？

2. 是不是有哪些情感依附可能对主要利益主体的相关利益产生冲突呢？

3. 是否存在哪些具有冲突性的情感依附，能强烈到显著地扭曲决策者的决策吗？

考虑一下之前我们这本书中所提及那个王安的例子。他所面临的决策是要不要生产与 IBM 系统相兼容的个人电脑。王有两种情感依附影响了他这一决策：他对于王氏文字处理器的情感依附，王氏文字处理器是一款将会被个人电脑所部分取代的产品；以及他对于 IBM 公司的敌意。这些情感依附与利益主体——他的股东的相关利益产生冲突吗？是的，它们会产生冲突。这些情感依附会足够强烈以至于扭曲决策吗？是的，据我们所知，它们会扭曲决策。王安的决策制定受这些情感依附的影响而扭曲了，并且这些情感依附导致他犯了一个主要的错误。

考虑一下德里克·雷纳，他面临着是否收购布鲁克斯兄弟公司的决策。他内心对布鲁克斯兄弟生产的扣式衬衫存在着强烈的情感依附，或者说他至少是对该衬衫所象征的质量概念有着强烈的情感依附。如果雷纳身边的人被问及雷纳最喜欢的公司是哪种类型的公司，布鲁克斯兄弟将会是那个显而易见的选择。那么这一情感依附与他的利益主体的相关利益是否冲突呢？未必一定冲突。这种情感依附可能会帮助雷纳找到好的收购目标。从另一方面讲，它只是需要考虑的一条标准。雷纳的想法可能会受到他所深爱的品质的影响，从而失去平衡。这会影响他做出错误决策吗？是的，这是会起到影响的。显然，雷纳对于扣式衬衫的情感依附是红旗警示的一个条件。更有甚者，这种情感依附影响了他的思考。他迅速地从所列出的6个可能被收购的目标当中选择了布鲁克斯兄弟公司，并且愿意支付远高于他的团队所建议的价格进行收购。这样的结果又是个糟糕的决定。

总而言之，我们可以提前发现那些不适当的情感依附。而他们也可能是引起糟糕决策中最难预测的原因。他们就萦绕在决策者的日常生活中，那些没有深入了解的人们很难发现。而且大多数时候，他们看起来是积极的，至少决策者们是这么认为的。我们对于家庭、朋友、社区、心爱的物件以及我们的过去的情感依附是我们身份的一部分，没有什么可羞耻的。因此，尽可能地把它们视为红旗警示是很尴尬的。尽管如此，它们至少可以部分地解释40%以上的错误决策。

在本章中，我们指出了许多情感依附会令我们误入歧途的方式，并且我们也解释了为什么在我们努力不被情感依附影响时仍会受其影响。我们还就以下问题进行了描述。那就是当我们心存不适当的情感依附，且情感依附可能会对我们的决策造成显著扭曲时，我们该如何鉴定红旗警示。在第三部分中，我们将转向如何保护决策不受扭曲风险的问题。

Think Again

第三部分
红旗警示及防御策略

09　利用防御策略降低风险

没有谁能够幸免。遥想约翰·肯尼迪成为美国总统的1961年1月。他所面临的第一个决策就是推翻菲德尔·卡斯特罗在古巴建立新共产主义政体的计划。该计划是由中央情报局在肯尼迪的前任艾森豪威尔总统的领导下制定的。该计划纠集了一些古巴的流亡分子对古巴进行入侵，在美军的支持下，以空中火力掩护和空降伞兵的方法来确保接近要登陆的海滩。入侵势力是要加入另一支反对卡斯特罗的古巴势力，该反对势力的大本营就位于计划入侵地点后方的深山里。

肯尼迪对卡斯特罗的敌意，远没有艾森豪威尔那么深。他认为卡斯特罗推翻的政权是腐败的。但是，他在做出两条修改的前提下批准了该计划的继续进行：他想这次行动完全由古巴人承担责任，这样就可以"否认"美国的介入；他还坚持在夜晚从反对力量不强的地点登陆。唯一适合的选项就是猪湾。

该计划于1961年4月开始实施。那是一场灾难。计划被泄露了。猪湾位于距叛逆者大本营几英里远的岛上，卡斯特罗的力量很快包围上来，阻止入侵者撤离海滩。

尽管古巴军队遭受着空袭，但是由于入侵者缺乏美军的支持，使得古巴军队得以克制入侵者，并在三天的时间内将他们剿杀或者俘获。肯尼迪被迫就释放幸存者的问题与其协商。那是一场军事灾难和一场政治挫折。事后回想起来，即便是该计划没有被泄露，成功的概率也是极小的，入侵的计划本身就是个错误。

到底是哪里出错了呢？计划太冗长。肯尼迪的计划是基于他的预判，他认为美国明目张胆地参与到入侵之中是不可以接受的。他出于政治原因，在没有得到将军们建议的情况下，他对这场将会备受责难的军事计划做出了修改。

他选择继续进行该计划，除了他预判的原因以外，其中还涉及一些个人利益的元素。他对此次事件有着个人的担忧，肯尼迪是在国内政治的压力下对古巴动的手脚，这被敌对势力指责为软弱。

如果肯尼迪的决策过程中包括一些防御策略的话，即便预判和个人利益会对他的决策产生影响，或许也不会出现什么问题。不幸的是，他孤注一掷地与中央情报局进行协商，因没有广泛地咨询意见而失败。作为他的国家安全顾问，麦乔治·邦迪对肯尼迪评价道，"他自己做了决策，但是没有告诉我们。"

从灾难中学习

猪湾事件是以在军事上和政治上的惨败而收场的，但是肯尼迪从他的错误中吸取了教训。1962年10月16日，邦迪告知肯尼迪，俄罗斯在古巴部署了中程核导弹。肯尼迪认识到由于误导性的经验，或个人利益的过度影响，决策者很容易会做出预判。

在讨论如何去做的时候，常常会唤起强有力的误导性经验。珍珠港事件时常被提起，以暗示那是一场偷袭，是战争打响的序曲。慕尼黑阴谋也一样，它意味着绝不姑息侵略扩张主义的政权，一定会奋起抵抗侵略。

推理的结论是美国应该采取军事行动，好像事情已经处于战争状态了。肯尼迪在一开始的时候与人共享了这一观点——他告知了一位亲密的顾问，"我认为可供选择的方法有：采取空袭去消灭他们，或者采取其他的措施使他们的武器瘫痪。"

实际上，珍珠港事件和慕尼黑阴谋都是误导性的类推：它们发生时，双方都还没有核武器。因为现在的美国和俄罗斯都拥有核军火库，所以采取军事上的反应可能会冒着使整个世界被核屠杀所笼罩的巨大风险。为了抵消掉潜在红旗警示的影响，肯尼迪总统决策的过程更为缜密，并且为多方面的讨论创造了足够的空间。安全理事会的委员之中，包括了所有政府相关部门的成员、值得信任的私人顾问以及一些用来拓展经验广度和深度的资深人员。这样可以确保选择能够被更广泛地纳入考虑、评估及多角度讨论的范围之内。安全理事会之中的15位成员都支持采取积极的军事行动，其中还包括了美国的现任国务卿和前任国务卿，迪安·腊斯克和迪安·艾奇逊，中央情报局局长约翰·麦科恩，以及参谋长联席会议主席马克斯韦尔·泰勒。也有一批人强烈反对进行空袭，诸如，国防部部长罗伯特·麦克纳马拉，以及肯尼迪的朋友，特别检察官西奥多·索伦森。诸如，像美国驻联合国大使阿德莱·史蒂文森这样的一些人加入了会议，他们在外交选择方面做出了贡献。

为了确保能够利用这些不同的观点去实现一次健康的辩论，肯尼迪坚持要求安全理事会的内部成员磨合到达成一致意见为止。这就迫使他们进行深入的讨论。他知道达成总体上的一致是不可能的,但是通过达成一致要求,他能够确保每个人都做好准备去同意优先的选项,并且尽自己最大的努力使该选项起到作用。为了确保大家都聚焦于核风险,危机期间在主要简报室的外面放置了一条标语。上面写道:"在核武器的时代,国家必须让战争变得像与豪猪做爱一样——谨慎小心。"

他没有亲自主持委员会,而是请他的弟弟罗伯特·肯尼迪来领导决策制定的全过程。这将限制总统对某个选项固执己见的机会。但他保留了对决策和决策过程的强烈影响力,他可以在关键时刻对其进行干预。例如,肯尼迪总统就拒绝了早期的几个选项,包括发动空袭,或者发动入侵。他要求安全理事会再三思考,看是否有其他的解决办法能够降低核战的风险。最终他们得出了结论,这一结论被证实是最好的选择:封锁古巴。总统在这一决策中起到了统领的作用,拒绝不可行的选项,不断给人们施压直至找出解决方案为止。

随后他对如何实施封锁进行了紧密地监控,以寻求既达到立场坚定,又提供调节机会的目的。他对麦克纳马拉进行指挥,以确保海军和空军力量不会在无意之中破坏他的策略。他利用封锁所获取的时间,联系苏联部长会议主席赫鲁晓夫。最终,肯尼迪找到了既能让赫鲁晓夫让步,又不损其颜面的方法。通过走俄罗斯的后门,做成了安全的交易:美国撤回安置在土耳其的导弹,换取苏联同意拆除在古巴的导弹。

有防御措施就会更加安全

肯尼迪意识到了红旗警示的条件,并且创造了一个过程,用以降低做出错误决策的风险。在这一过程中,他通过选择我们所说的防御措施,来处理具体的红旗警示条件。

防御措施涉及的范围广泛,包括干预措施、过程变化、人们的选择、分析技巧以及其他机制。这些方法可以用来减少做出错误决策的风险。然而每个组织都拥有多种用于管理决策的过程,我们将防御措施定义为额外的措施,选择它们是因为它们对某一特定的决策而言是适当的。我们使用这一定义是因为它们能够为抵制错误决策提供安全保障,尽管使用它们也不能保证不犯任何错误。我们不能够消除人们的偏见,但是我们可以抵消它们所能产生的潜在影响。

我们的研究发现了四种不同类别的防御措施。

1. 经验、数据和分析

有一种防御措施是要为决策者提供新的体验,或新的数据及分析。这么做可以从源头上降低做错决策的风险。在古巴导弹危机的情况下,肯尼迪需要知道导弹的数量、所处地点、以及导弹的准备状态,这样他就能够更好地判断出实施军事打击的可行性,也能更好地判断出,在苏联对美国安全做出功能性、重大的威胁前,他还有多少时间可用。所以他命令空军进行侦查飞行。

在商业中,有许多用于收集数据、扩展经验的方式。与关键客户之间的商讨,能够对新产品提供许多有价值的反馈。市场调查能够评估进入新市场的风险。还可以引进顾问,一部分是因为他们的专业技能和现成的人力,再者还因为他们相对而言比较客观。英国石油公司有时候会雇佣两家公司的律师,通过对他们的观点对比来完成重要的决策,比如说重要的收购。

有时这些新经验的来源和数据远没有那么明显。例如，杰克·韦尔奇决定通用电气公司要凭借网络提供的有利机会，快速发展其业务。但是他如何才能让通用电气公司的一群传统经理们来做互联网投资的决策呢？对于接下来要做什么，他们大多都一无所知。（韦尔奇承认道，"我比较害怕（互联网），因为我不会打字。"他的部分答案揭示了他的新经验和数据，他们是通过找到内部的"互联网导师"来指导600位高管的。通常是由一位年轻的同事来辅导他们的网络行为。他的意图在于让他们接触到互联网的力量，并让他们亲身体验，以此让他们知道互联网能做些什么。关于互联网的力量，韦尔奇在看到家人和同事在线进行圣诞节购物时，他就有了自我改造的经验。

有时候新数据并不是所必须要求的东西。即便有时间去收集新的信息，决策者也常固执己见，不能够被新的数据所改变。他们之前所拥有的经验或判断会产生强烈的情感，使他们不容易接受新的数据或对新数据产生反应。或者即便在他们面对新的输入时，他们或许会受到个人利益和情感依附的影响，从而扭曲他们的思考。军人看到的是军事解决方案。新数据或新经历不可能消除这种偏见。

在这些情况下，所需要的东西更多。一种方法就是创建一场具有挑战性的辩论。

2. 团队辩论和挑战

进行一场挑战偏见的辩论，并不需要涉及很复杂的过程。可能就是指针对某一问题，与朋友或者同事简单的聊天。即使对方并不是这一问题的专家，辩论的过程也可以帮助你揭示一些假设和信念。在大型的组织中，精心策划辩论和挑战的典型方式就是组建决策团队。团队规模各不相同，可能从两个人到许多人不等。虽然通常来讲，参加辩论的人数较少才是更佳的做法。

选择让谁加入团队是至关重要的，这决定着挑战的质量。例如，一家拥有多个业务部门的食品公司，有时会选择一位姊妹部门的经理来主持决策团队。目的在于要从一个更具有挑战性的、潜在上讲更为客观的角度来做决策。肯尼迪的安全理事会对人员的选择就囊括了多个视角。

小组是否有能力进行有效的辩论，并不仅仅是由其构成所驱动的，还取决于它进行的过程。在这一过程中可能会形成很多种选择，诸如是否采用独立的主持人；是否组建隶属小组对决策的不同部分进行评估，或者从不同的视角来进行评估；需要花费多长时间；要进行多少次会议；讨论内容等。例如，为给出统一的决策，通用电气公司强迫其成员进行热烈的辩论。有一家公司，其首席执行官担心他的经理会安于现状，于是他开始了规划，要求每位经理在十年的时间内，写出一篇虚构的文章发表在《金融时报》上。文章要对在现行管理系统下"过去"十年间所取得的成就进行描述。这样做的目的在于使每个人对于如何发展业务产生创新性的想法。在众多选项中，为辩论提供一个好的平台。在演练之后，管理团队的一位成员评论道，这次的新计划是"我们第一次拥有一个真正的策略"。

对根深蒂固的观点进行挑战是防御措施的关键来源。强有力的领导需要强有力的挑战。在决策过程中，如不能或不会移除受到影响的决策者是常有的事。那么就要利用一系列的工具和方法给他提供一个"极端的挑战"。有一些挑战非常简单，比如进行私人一对一的访谈，以此来鉴别不同的观点，然后将这一系列的观点回放给决策者；将决策者与有着不同经验及观点的资深人员进行配比；或者举行针对不同的框架、选项或标准的会议来集思广益。另一些较为复杂的方法包括：在决策的过程中创建不同的角色，诸如分化授权人、评估人和提案人的角色；使用"快速"的方法（将决策职责，诸如建议、同意、执行、输入、决定，分配给不同的人）；或者将"帽子"分配给不同的人（就如同对立思维者，爱德华·德·波诺所建议的那样），还有一些高度结构化的方法，比如，创建定制的角色表演；辩证探询法（要求一组来为另外一组做介绍，然后整组协作来鉴别出最佳选项）；或者魔鬼代言人法（使用这一方法时，要由隶属小组对所提议的选项进行抨击）。

最后，我们想强调另一种挑战决策者的方法：重构决策。我们在自己的教学和咨询当中已经理解了这一方法。在决策之初，由小组成员们花时间鉴别挑选决策的选项，更像是在挑战他们自己的想法。更有力的方法是在该过程中的某一时刻，花时间来重构决策。这有助于决策者广泛采纳新兴事实和见解。

如果决策者看待局势的方式已经固定为某一特殊方式，那么这一新数据会很容易被忽略掉。

例如，我们在一门受欢迎的行政课上组织了一个练习。练习的参与者起初想要设计一个议题，名为"我们如何使用新技能来提高我们在市场中的地位？"但是，在他们分析了数字以后，他们发现投资的金融回报率是负数（技术是资本密集型的，吞噬了现有产品线的盈利）。无所畏惧的他们，时常想通过各种难以置信的扭曲逻辑去证明投资的价值（尤其是那些被分配扮演市场部门角色的参与者）。通常只有在小组开始重构决策时，才会取得进步。如"竞争者们在新科技方面花费巨额资金，我们怎么做才能够避免激烈的军备竞争？"或"我们如何才能使事物保持不变？"然后他们才会考虑到选择其他选项，如：取得专利技术，或者给竞争对手发信号。

如果争辩不够深入怎么办呢？在某些情况下，很难形成真正的辩论，亦或是不可能影响到主要决策者的观点。例如，去挑战一位强大、具有感召力的成功决策者（在被挑战的那一时刻还算是成功者），让他三思而行简直是不切实际的。我们已经目睹了克莱夫·汤普森先生在任职能多洁公司的首席执行官时，完成的几项不符合公司能力的大规模收购。博姿公司的首席执行官史蒂夫·罗素领导公司走向医疗服务业的糟糕策略。以重构决策团队和重新设计决策过程的方式去挑战这样的人是不可能有效的，特别是在有关人员负责设计管理时。在这种情况下，需要更强大的防御措施。有时候显著降低风险，避免做错决策的唯一方法就是通过强大的管理过程。这是防御措施的第三种类型。

3. 管理

由管理团队来审批决策团队所提交的提议，肯尼迪总统在古巴导弹危机时就给自己做了这样的定位。

在大型收购的例子中，决策团队的成员或许是由首席执行官和首席财务官组成，管理团队的成员可能是董事长和由董事长领导的董事会组成。在公司广泛重组的案例中，决策团队可能是由人力资源部门负责人领导下的，包括各个业务部门负责人在内的工作组。管理团队可能是由首席执行官领导下的全部执行委员会的委员。有时候不存在独立的管理团队。

管理团队是很重要的支撑，用于否决任何决策团队已通过的错误决策。少数大型组织允许由决策提案人审批重要的决策。通常是由独立的非执行董事或者由受托人进行，以此来增加决策过程的客观性。

在写这本书的过程中，我们变得更加尊重管理过程，并且更加尊重独立董事长的价值。在此项研究之前，我们对于投入到公司管理中的工作量和对上市公司设置独立董事长的必要性持怀疑态度。我们觉得独立董事长不可能很好地理解公司业务，因此他们可能更多起到的是障碍作用，而非起到帮助的作用。然而在完成此项研究之后，我们更清晰地意识到一个问题，那就是独立董事长能够解决问题：帮助我们防止错误决策的产生。

当然，这对于公司的所有层级而言都是真实的。在制定任何重要决策时，考虑一下管理都是很有用的。与做决策不相关的人在遇到错误提议的时候，他或她可以很客观地说不。

正如我们笔下所描述的那样，对玛莎百货这家英国标志性零售商的管理的辩论十分激烈。2008年3月，玛莎百货宣布将首席执行官和董事长两个职位合而为一的决定使执行总裁斯图尔特·罗斯成了"魅力十足且独裁"的首席执行官。前董事长洛德·伯恩斯说"让斯图尔特·罗斯在职位上继续留任更长时间是很重要的……我们想让他在培养新一代领导人方面发挥更大的作用。这样的话，在他将来离开时，我们就已经有新的首席执行官了。这样做会减少他继续留任或者离开的不确定性。"

这一通告惹怒了主要的投资者们。他们当中有许多人表达了自己的担忧，他们认为这样做可能会导致权力过于集中。缺乏独立的声音，缺少他人的反驳会导致罗斯做出错误的判断。由于玛莎百货不愿意改变任命斯图尔特·罗斯为董事长的决定。股东们随即的讨论主要集中在如何加强董事会的权力上面。他们想使董事会变得足够强大，以便在斯图尔特·罗斯做出错误决策时，与之相抗衡。罗斯认为高级非执行董事戴维·米歇尔斯可以出任这一职务。他已经放弃了其他两个管理职位，想要花费更多的时间在玛莎百货的业务上面。但是大多数观察者表示质疑。用一位既担任了首席执行官，又担任了董事长的人的话来说，"如果你既是首席执行官同时又是一名董事长，那么那些独立的董事们将会失去焦点。在这群权力相当的人们之中，有时候没有哪位董事会成员愿意说出这样的话，'我认为这个首席执行官或这个想法是不合适的。'董事们会等到事情发展到糟糕得不可收拾之后，以辞退那位首席执行官作为解决问题的唯一方法。"

当无法通过附加数据或更多的辩论来处理所存在的红旗警示时，设置独立的董事长就变得尤其重要。任何抛弃这一选择的公司就像玛莎百货一样，是在拒绝能够抵制糟糕决策的防御措施。

在决策团队中，不仅管理层的成员很重要，他们处理决策的过程也是很重要的。管理层可以雇佣独立顾问，对所忽视的选项进行需求分析，在决策制定过程的不同阶段要求进行输入等。有许多可以用来加强管理决策的过程工具。比如，在意识到哪个经理会轻而易举地对收购目标产生情感依附时，董事会常常会帮助他们通过完善的流程来抵御这种红旗警示。在以下3种情况下，董事会通常要求经理们向董事会提交收购计划：提醒董事会成员经理们正在考虑某个目标；获得董事会对业务的价格范围的批准；以及对最终条款的批准。这一系列配合的先后顺序给予管理层大量有关此项交易的警示，以及许多对涉事经理们进行客观性评定的机会。

然而有时即便是管理过程也不甚强大。这可能是因为管理团队没有具备所要求的专业技能，或是管理团队不够强大，不能提供足够的挑战。例如，强大的商业领导经常会参与到董事会成员的任命之中。

另一个潜在的问题在于，管理团队本身可能会存在偏见。回想一下马可尼公司（Marconi）的例子，马可尼公司是一家英国通讯公司，于2001年在科技股崩盘后紧接着出现了引人瞩目的业绩滑坡。2000年2月，副总裁约翰·梅奥曾向董事会提出将公司出售或者合并的建议。他感觉公司太小，仅凭公司的力量在快速整合的电信市场中很难生存。据梅奥报告，马可尼公司的董事会受近期成功的影响，产生了一些偏见，他们认为：公司有能力快速增长，并产出股东所期望的回报。他引用了一位独立董事的话，"我们不曾放弃敦刻尔克海滩，现在我们也将不会放弃。"据梅奥所言，"其他主要董事们都不准备支持这一提议（将公司出售），因此董事会驳回了该项提议。"几个月以后，公司情况急转直下，自由落体。

在这些情况下，最后的防线就是增加对前期决策过程的监控，其目的在于改变未按计划发展事物的发展过程。这是第四种防御措施。

4. 监控

监控过程追踪着决策过程，能够鼓励决策者在提出建议前进行细致的思考。如果决策者知道结果将被记录和宣传，那么这就足够促使他们"三思"了。

监控对于快速修正错误决策也有帮助，例如，如果早期表现令人失望的话，后期的投入可能会减少。

在某些情况下，监控过程是决策过程的一个标准部分——就像消费品或零售公司进行的市场测试，是对产品推出的监控，并且根据市场测试的结果来调整他们的计划。在其他的情况下，某个特别设计的监控过程适用于某个特殊的决策。

当然，几乎对每个决策而言，监控都是一个正常的部分。我们这里所提出的建议是针对某些决策的，管理者认为对于这些决策中的红旗警示条件，利用前三种防御措施是很难处理的。因此，最终的防御措施就是增加一些额外的监控。防御措施是对那些无论如何都会发生的事情的额外监控。

额外监控是最终的防弹墙：用以抵抗做出糟糕决策的最后一道防御措施。在没有其他可以替代的措施用来提供保护时，额外监控特别有用。在古巴导弹危机的案例中，肯尼迪总统不能确定他自己是否做出了正确的决定。他知道自己掌握的数据有限，不知道苏联对他决定封锁古巴的决策将会有怎么样的反映。因此，他开启了额外的通道与赫鲁晓夫进行沟通，以此来监控封锁对他思维的影响。这样做为肯尼迪提供了更多有关苏联领导人的反馈信息，也帮助他想出用部署在土耳其的导弹与古巴导弹进行交换的主意。

关于商业的案例，考虑一下博姿公司关于进入了医疗服务领域的错误决策案例。由于情况非比寻常（前首席执行官是现任董事长，他不愿意对新首席执行官施加影响），董事会很难阻止这一决策。但是，董事会可以要求实施额外的监控，比如时常向董事会特别小组委员会汇报工作情况。事实证明，有关早期问题的信息并没有被提升至高级水平，直至为时过晚。实施了监控，但是没有很好地设计成为有效的防御措施。

我们认为几乎针对红旗警示存在的任何情境都能设计出一些形式的防御措施。当然，我们不能对所有的决策进行保护。但是仔细考虑这些防御措施，可以极大地减少错误决策产生的数量。

有个反驳的论据认为，大多数的大型组织已经拥有结构化的决策过程，该过程中涉及防御措施的构建。这些措施之所以存在，是因为过去犯过错误。换言之，大多数的领导已经认识到需要利用良好的决策过程来降低做出错误决策的风险。那么我们有没有提供什么新信息呢？答案是肯定的。我们建议决策过程应该针对那些可能会扭曲决策的红旗警示调整。这些详尽的过程是做决策标准方式的一部分。在这些过程中常会产生官僚主义的环境，滋生不尊重决策过程的因素。在我们看来，标准过程应该是简单的、减少花销且建立尊重。应该根据具体决策的需要，将防御措施添加到这个过程之中。

伊拉克决议

肯尼迪从猪湾事件中吸取了经验，并且在处理古巴导弹危机时，引入防御措施来引导自己的决策。有趣的是，正是他之前所犯下的错误帮他认清了红旗警示。近期，英国首相托尼·布莱尔在决定是否要参战伊拉克，由于没有经历过类似猪湾事件那样的错误，没有任何助力能够帮他意识到防御措施的重要性。

在做伊拉克决策之前，托尼·布莱尔有过三个相关却具有潜在误导性的经验：在巴尔干半岛的经验、在塞拉利昂的经验、在阿富汗的经验。在以上的三个案例中，军事介入或由军事介入造成的有力威胁都走向了成功或近似成功地解决了问题。

例如，托尼·布莱尔曾经亲自说服不情愿的克林顿总统，去威胁塞尔维亚领导人米洛舍维奇。如果他不放弃科索沃的话，就对其进行军事入侵。这一威胁奏效了。米洛舍维奇放弃了，并且在随后的国内政变中被推翻。制造有力的军事干预威胁的政策奏效了。

之前的经历鼓舞了布莱尔，使他支持对伊拉克进行军事干预。但事后来看，这是一种误导。毫无疑问，布莱尔要比英国的外交大臣亦或是财政大臣更加地激进，因为二人在此之前从未亲自参加过早先的事件。

当然，这些经历可能是没有误导性的。证实他们具有误导性，只是因为伊拉克的局势在一些重要的方面与此前的事件不同。更重要的是，伊拉克是个四分五裂的国家，只是被暴力统一。

在2001年9月11日之前，托尼·布莱尔认为强大的国家能够让世界变得更加美好。如果他们能对失败的国家予以干涉，或除掉讨厌的独裁者的话。在考虑如何处理伊拉克问题时，他可能会给干涉计划贴上了强有力的积极情绪的标签，因为干预带来的好处加强了他的预判。

又或者，布莱尔偏向于军事干涉的预判没有被误导。但是这可能会影响到他的思维，使他更热衷于干涉，而不是尽可能做出更加适当的决策。他的确比法国、德国以及俄罗斯那些反对干涉的人更具热情，他们中没有任何人做出过类似的预判。

托尼·布莱尔的干预政策，使他与布什一起在"9·11"前变得很火。这一事件把他推向了舞台的中心。甚至有些人称他为"世界的副领导"。在这种背景下，对伊拉克实行干预政策比实施观望政策更具吸引力。由于他的个人兴趣，这一干涉政策可能会下意识地更加吸引他的积极情绪。

当局势日趋明朗，美国在无论能否得到英国的支持都将入侵伊拉克时，布莱尔对布什的依附关系，以及布莱尔对两国之间长期存在的"特殊关系"的情感依附，使他比原本更热衷于支持军事干涉这一风险举措。他诚然比在伦敦游行，试图劝说他不要支持军事入侵的 100 万民众（总人口的 2%）更具热情。

退一步从事后来看，其中很明显存在四种红旗警示。当然，我们不确定托尼·布莱尔的思维是否受到了这四种红旗警示：经验、预判、个人利益以及情感依附的影响。但看似是这样的，而且这些似乎影响到了他的判断。

不幸的是，就像肯尼迪对猪湾事件的决策那样，布莱尔并没落实那些可能已经质疑过他的观点的防御措施，或者在最终决策时减轻了这些防御措施的分量。例如，虽然这一议题在内阁讨论过无数次，但是最终却没有成为决策点或是被赋以投票的机会。据一位密切观察者评论，"布莱尔没有那样使用过内阁。"

哪些防御措施可能已经质疑过托尼·布莱尔的想法呢？首先从情报人员处得到的信息可能已经催促他进行更进一步的考虑。依据从情报人员处所得到的相同信息，法国总统雅克·希拉克推断出在伊拉克并没有什么大规模杀伤性武器。然而，《伊拉克档案》一书的作者约翰·威廉认为他的作用是呈现战争最好的例子。没有证据表明布莱尔曾询问过对于数据的反对观点，即反战案例。以色列政府吸取了1973年10月的教训。叙利亚和埃及对以色列发动了一场惊人的袭击——后被称为"赎罪日战争"。有大量清晰丰富的信息表明战争迫在眉睫，但是由于情报官员、军队领导及政治领导头脑中的预判是不必警惕，最终政府组建了一个魔鬼的代言人小组，其作用就是创造相反参数的评估。该小组仍在运作，并且有权力向军事情报人员做报告。

布莱尔也可以像肯尼迪那样，组建一个决策团队来推荐对策。由于发动合法性战争的关键在于大规模杀伤性武器的存在，为此布莱尔的红旗警示可能会致使他曲解情报数据。独立的决策团队可能会为他提供他所需要的防御措施。最重要的是，这样做可以使他处于超然的统领角色，而不是成为一位战争拥护者。

削减那些项目？

在对那些可能会导致战争的决策进行处理时，对防御措施的需求表现得十分明显。不仅如此，防御措施在其他的背景下也是十分必要的。

一家美国电力公司是与我们合作的公司之一。我们将其称为西南电力公司（Southwest UtiliCo.）。该公司在管理方式上面临着重大的转变。从历史角度上看，其经费支出已经提交给国家监管机构批准（公共事业委员会，或称为PUC）。一旦他们获得批准，该电力公司将获许进行定价，所定的价格包括：成本价，以及其投资的回报。在提供价格合理的产品的同时，允许该公司赚取公平的回报，这样的做法看似是很合理的。

而问题在于这一安排并不奏效。这个州所享有的电力价格是全美国最高的价格之一。其中一部分的原因在于,公共事业委员会和州立法机关对电力公司形成了一种敌对的态度——这一态度也针对西南电力公司。电力公司可以看到,他们需要想办法降低价格,否则他们将面对惩罚性监管的转变。

企业高管就这一问题进行了争论,并且决定他们需要将资金预算从10亿美元减少到7亿美元:这一严酷的提议可以使他们保持价格的稳定。这就要求削减不同的项目,削减项目的数量没有几百个也有几十个,这让企业高管十分苦恼。哪些领域可以削减,且应该被削减掉呢?哪些项目需要继续保留呢?如何来设定优先顺序呢?这成了一个新问题,执行团队不知道该如何处理这个问题。

传统的决策过程涉及由部门(如发电部门和配电部门)和职责部门(如信息技术和人力资源)递交资本请求,由企业领导对这些请求的合理性进行审查。到目前为止,一切尚进行得很顺利。但是由于企业领导不了解业务的细节。他们的通常做法是对这些支出请求予以批准,或者按照粗略的经验法则行事,诸如"保持资金支出与去年相比增长5%"。诚然,这样的方法对实现30%的削减而言是不适合的。

还有另一个问题。企业领导虽然拥有批准支出额度的最终权力,但是提出具体方案的经理们却是部门和职责部门的负责人。不幸的是,过程中存在大量的红旗警示条件,它们可能会影响经理们做出判断:

• **误导性的经历**。资金支出的决定受到过去电网失败的经历的影响。如:发电厂被迫关闭,或部分电网配电的失败。这些失败的案例导致了来自消费者、监管机构或者工会极其消极的反应。这种逐渐聚集起来的反响促使经理们对电力公司的基础设施进行了过度投资,只要是经监管机构认证为合理的投资项目，都对其进行投资。因为是在新的监管环境下，所以这种经历可能是具有误导性的。在成本与可靠性之间做出更平衡的权衡是很重要的。

- **误导性的预判**。大多数的经理已经在电厂工作了很长时间，在此期间他们已经发展出了一系列的工程要求标准。决定是否投资的主要办法就是要看是否符合这些标准。不幸的是，在价格将要被限定的环境下，之前的工程要求标准可能已经变得不适合了。

- **不适当的个人利益**。经理们最大的噩梦是某些巨大的失败出现在他们所在的公司部门。因此，他们以在电网上投资重金为动力，想试图以此减少可能造成失败的风险。因此所导致的价格增长与个人投资的决策没有明显的联系，所以对这种行为几乎没有什么限制。

- **不适当的情感依附**。有些经理对待他们所处理的那部分业务，像对待个人领地一样。他们的重点在于保持他们的团队管理和员工处于繁忙的状态；达到这个目的的一种方式就是确保恒定水平的资本支出。

总而言之，红旗警示的出现会扭曲决策的过程。部门和职责经理们提出了高额的投资额，而企业领导对此了解不多，不足以挑战他们的提议。起初，企业领导者们努力尝试去找出一种方法来对资金支出的请求进行分析和优先次序的排序。在尝试使用标准化的分析方法来解决这一问题之后，他们意识到这么做是一项几乎不可能完成的任务。诸如回报率或净现值分析这样的工具，在投资优势排名上太过靠后，排名范围涉及从新电站的建立到提高电网的可靠性，到新的工资体系。

另一种让企业领导花费大量时间，与部门或职责部门就投资提议进行讨论的方法，也不可能奏效，这样做只是单纯地增加时间。因为企业领导没有所需要的专业知识，不能够提供有效的挑战。这样的做法只会沦为官僚主义的运动。

最终，企业设计出了一个新的过程。其核心是一个新的小组，该小组的作用就是提供我们之前定义的"辩论与挑战"。每个部门和职责部门的经理都被要求去参加资金优先级别委员会。每个人都要求向座谈小组的同事提出他们自己认可的优先等级，其中许多在座的同事正是他们所提供服务的客户。例如，发电投资提供用电量，用于维持电压，以完成电力分配。高压输电网业务部门为发电和电力输送业务提供服务。信息技术、人力资源部门为其他部门提供服务。报告的最后，在小组经历了一系列的结构化研讨会后，由同行提出投资价值的优先级别。辩论会迅速聚焦在几个有限的大型项目上，诸如：新的电子会计系统，升级为一家大型的燃煤发电站。目标最终达到了。

所提出的预算随后被提交给企业领导。对被证实是最边缘的项目进一步讨论，并做了些相关的调整。

增添了一些监控用的防御措施。对某些项目来说，投资要分阶段完成。关于第一阶段投资的事后审计已经完成。根据审计结果来决定进一步经费支出的批准或取消情况。部门经理和职能部门经理一致认为，虽然达到7亿美元的目标是一个挑战，但是这个目标已经被成功地完成了。减少开支要么带来的好处有限，要么可能因没有危害性副作用而被推迟。公司总部的主要作用在于为7亿美元的目标提供一个可靠的逻辑。自那以后，那些参与到经费支出的经理们承担起削减共同预算的主要责任，以达到削减30%投资的目标。

选择防御措施

防御措施以附加的形式出现在决策的过程中，它们并不是减少风险、规避缺陷决策的唯一方法。但是在我们看来，它们是最有可能起效的方法。另一个选择是决策者对他们自己的偏见进行分析，并且对其进行弥补。然而正如本书前8章所阐述的那样，偏见往往深深地植根于情感之中，处于无意识的状态之下，无法进行客观的分析，特别是对相关的人而言。退一步说，对抗数百万年的进化是一个挑战。对我们而言，依靠对红旗警示的自我分析，看似是个值得却并不足够的解决方案。虽然这对我们来说是不言而喻的，但是其他人看似并不同意这种看法。人们花费了大量的精力，试图找出方法来减少决策者所展现出的偏见。但是，由马克斯·巴泽尔曼和该领域另一位杰出的学者于近期合著的一篇文章称，"……值得注意的是，寻找已被证实的解决方案有多难。"他和合著者继续建议道，"……偏见折磨着那些决策者，他们从未深入地了解过怎么做才能够消除错误，或者至少怎么做可以减少错误。我们这个领域主要是提供关于偏见的描述。"然而，他们所建议的几个类型的解决方案，其主要目的在于减少决策者受偏见的影响。我们会谦卑地认为该"领域"可能是看错了地方。去研究那些过程，对提高决策质量更有帮助；不是研究那些方法，就能够减少决策者的个人偏见，这或许将被证实是更富成效的研究。

防御措施的另一个选择是改变做决策所处的环境。例如，改变决策者的动机，或改变对决策者的奖励，这样可以有力地影响到他们评估选项的方式。困难在于，很少能够及时地做到，为了某个具体的决策，去改变其背后的广阔背景，这也是很少能够实现的。出于这个原因，这四种防御措施看似是我们唯一切实可行的解决方案，他们能够在时间框架上大体适用于某一特定的决策。防御措施的准备、设计及执行并不需要很长时间。然而总体组织背景上的更大改变是提高决策质量的有力方式，可是一旦必须要做某个决策无疑的时候，它们通常不是很实用的。我们希望组织能够更具持续性，但是他们做不到。

关于防御措施的更多信息详见附录 II，以及我们的网站 www.thinkagain-book.com。

足够的过程

防御措施固然是好，但是它们也有它们的缺点。尤其是它们会减缓决策的过程。例如，肯尼迪迫切地想要知道更多有关苏联意图的信息，但是情报部门没有时间去收集信息，并且对这些信息进行评估。另一种安全措施可能是，成立额外的审查机构，对他的个人见解行使管理机制。但是，这会造成进一步的延迟，造成官僚主义，对安全理事会严密的安保产生潜在的偏见。毫无疑问，托尼·布莱尔感觉这种对决策的额外防御措施，会拖延他所要做的重要工作，也会降低他工作的灵活性。

确定防御措施的主要挑战是既要有足够的空间去实施，又要不危害到有效决策的制定。使用强有力的防御措施专注于抵消红旗警示条件是很有必要的，但是应避免其产生副作用，诸如：推迟决策的时间，或者陷入官僚主义。任何有过大规模官僚组织经验的人都会意识到许多决策过程沉闷得令人窒息。"过程越多"并不总是意味着"过程越好"。

复杂的过程会埋没动机，且扼杀主动性。收集所有可能的数据要付出昂贵的代价，或者推迟决策使他们变得无关紧要。肯尼迪不能够推迟关于古巴导弹危机的决策，因此他必须选择与他所面临的决策相适应的防御措施。

或者考虑一下国际石油公司首席执行官的案例，他对自己决策过程的效度进行了探索。其中一个建议就是通过贡献辩论来训导团队成员，以此增强决策团队的凝聚性。可是首席执行官拒绝了这一提议。作为一位强势的董事长，他喜欢更为直接的方法。他认为训导的方法过于"柔和"，而他想发展的是一种强势的文化。他想让他的下属们在不接受那些使人分心的训导（至少他是这么认为）的情况下自食其力。

副作用也能够减弱防御措施的作用。其中一个例子就是集体审议。集体审议所绑定的人越多，同一团队固定使用同一方式进行思考的风险就越大。这样的团队可能会减少进行良好辩论和挑战的机会——导致与使用小组进行决策刚好相反的效果。

另一种副作用是与决策者，或者是与决策团队之间的风格缺少适应性。例如，一些高级决策者倾向于与少数人关起门来讨论重大决策——主要是一对一的讨论。试图引入更为开放的过程的方法可能会适得其反，或者造成不能接受的结果。"我们这不用那种方式做事"是对防御措施的新想法的一种常见的回绝方式。

许多决策者对于副作用的效果特别敏感，对于什么会起作用，什么不会起作用有一种本能的感觉。但是做事任凭直觉会产生一种风险。那就是将强有力的防御措施拒之门外，不考虑其副作用的真实影响。出于这个原因，无论副作用是真实存在的，还是如人们所臆断的，处理副作用最好的办法就是更加明确其副作用。最好是将使用某一特定防御措施的成本和效益都列出来。

如果没有清楚地认识到使用该防御措施所需要付出的代价，那么该防御措施可能会因为一些模糊的原因而被丢弃。诸如："我认为这对我们组织是不起作用的。"

为了减少做出错误决策的风险，我们需要遴选一些足够强大的防御措施来抵制那些可能存在的扭曲。肯尼迪担心自己或其他人对于如何处理古巴导弹危机的回应存在偏见。他需要设计一个具备充分辩论的过程，以此来对预判进行积极的挑战和辩驳。但是他所设计的过程还不能够有过多的副作用——比如需要花费很长时间才能做出决策。

这就说明了选择防御措施时的基本挑战是：要有足够的过程。过程要够用，但是不仅限于够用。正确的防御措施能够有力地处理某一特定决策的具体红旗警示情况。最坏的决策过程或许不总是那些缺少防御措施的决策过程，而是那些拥有太多决策过程的决策。

因此，你选择了"足够"的防御措施了吗？你是如何判断你需要多少防御措施的？以及哪些防御措施是最有用的呢？你是如何决定哪些防御措施是过于繁复的呢？这将是我们下一章讨论的主题。

10　选择防御策略

在前一章，我们讨论了减少做出错误决策风险的最好方式，是对是否具备"足够"的防御措施进行鉴定。这在图 10-1 中有所阐述。

防御措施可以帮助我们避免扭曲思维所造成的效果。因为红旗警示条件的存在，我们可能过于（甚少）关注决策的某些方面。因为我们发现我们很难改正我们头脑中存在的那些扭曲现象，我们需要帮助。防御措施起到了抵制作用，可以减少做出错误决策的风险。正如我们在第 9 章中所看到的那样，这些防御措施可以以许多种形式存在——防御措施可以扩大决策者的经验，或者丰富他们可得的信息；它可以对决策的逻辑性进行挑战和辩驳；就如在管理防御措施的案例中那样，它可能有权拒绝提案；或者如果早期成果不利的话，作为最后的手段，防御措施可以更容易改变决策。无论采取哪个形式的防御措施，都有相同的目的：减少缺陷决策的风险。

当然，人们很容易采取防御措施，无论结果如何。为什么不尽可能地做到谨慎仔细呢？在实践中，过多的谨慎可能是有害的。原因如我们之前解释过的那样，太多的防御措施，或者错误类型的防御措施对决策的制定会产生副作用。

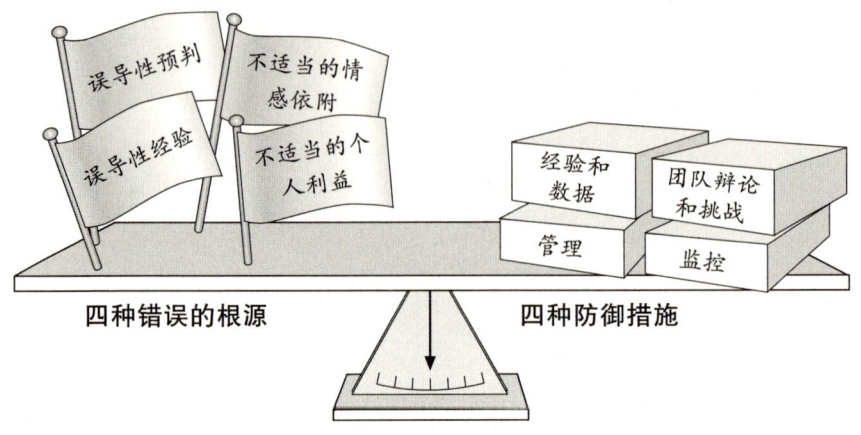

图 10-1　防御措施可以抵御错误出现的风险

对决策进行过多的分析,提出过多的挑战或者过多的管理会使你的决策过于繁复。很容易掉进"把树拔起,去看看树根长不长"的陷阱之中。选择良好防御措施的艺术在于做到恰好足以抵消红旗警示,又不会做得太过,致使决策过程过于繁复。

因此下一个问题是,多少算是足够呢?你是如何鉴定正确的防御措施的呢?在这之后是如何确保不陷入过多的官僚主义从而扼杀掉组织活力的呢?本章随后的内容就是想要提供一些实际的证据。这么做的过程中,我们非常清楚地意识到不同的人有不同的需求。有些读者对于做决策有着丰富的经验,而有些读者则是刚刚开始。接下来,我们将迎合这两组人的需求,也为了迎合处于两者之间的那部分读者。

第一点,对于防御措施的需求取决于红旗警示。例如,如果决策者有误导性的经验会使他或她的决策出现偏误,这可能足以为个人提供一些新的数据。但是如果决策者在决策的紧要关头涉及许多重要的个人利益,那么只有强有力的管理过程才能够抵消掉出现偏差的风险。所以挑选防御措施的第一步是要了解红旗警示。

第二步是挑选与之相关且行之有效的防御措施。有些防御措施是没有效果的,有些防御措施的消极效果会大于积极效果。例如,咄咄逼人的挑战过程可能会具有强大的效果,而且有些公司已经形成了一种文化,在这种文化中,强大挑战是决策过程中天然的一部分。然而,不同的组织之中,有着不同的个体,强大的挑战可能会导致过度的冲突,或者使决策者消极失去动力。

总的来说,选择防御措施的过程包括,清楚了解红旗警示,考虑环境,选择一些在该种情境下对那些人有效的防御措施。

有些领导者不需要更多的指导:作为有经验的决策者,他们能够凭直觉选择防御措施。然而,其他人会发觉使用更结构化的方法更有帮助。这可能是因为所处的情景特别复杂,或者是他们在设计决策过程方面经验有限的缘故。在下面的例子中,我们将从直觉和更进一步的结构化方法这两个方面来考虑如何选择防御措施。

利用直觉选择防御措施

在许多情景下,有经验的决策者可以凭借直觉选择出所需要的防御措施。例如,英国一家大型化工公司(我们称之为投资公司)正在考虑在俄罗斯进行大宗投资。董事长担心其首席执行官和该区域管理团队过度投入资金。在这个案例中,该董事长没有做正式的红旗警示分析,但是如果他做过的话,他可能会对自己的预判产生担忧。例如,他担心当地经理是在假设市场具有吸引力。他还对情感依附有所担忧，认为当地经理与当地的合作伙伴之间有着紧密的难以割舍的关系。董事长也认识到他自己的思维可能存在偏见。他以前有过在俄罗斯亏损的经验，并且他最近听取了关于俄罗斯与英国关系恶化的简要报告。

　　面对这些担忧，董事长考虑要如何进行干预。他不想强加自己的经验于决策过程中，从而打乱决策。但是又担心区域管理团队可能会受到红旗条件的影响。他决定通过多种方式进行干扰。首先，他把他的担忧与首席执行官进行分享。接下来，董事长建议首席执行官可能需要对该项决策进行额外的尽职调查。他建议在最终确定董事会的建议之前，区域管理团队应该多花些时间在与俄罗斯当地合作伙伴的工作上。他还决定如果区域经理依然热衷于该项目，他将安排他们和首席执行官共享同一份简要报告，也就是他收到的那份关于英国与俄罗斯政府关系的简要报告。这两种干预都属于防御措施的形式：他们加强了决策过程，在区域经理存在误导性经验，误导性预判，或者不适宜的情感依附时，这些防御措施或许可以平衡区域经理们的想法。事实证明，该董事长谨慎的反应本身就是一种足够的防御措施。管理团队进行了重新的考虑，并且决定不再继续该项目。

　　在这个案例当中，该董事长对所处的情况进行了诊断，并且本能地提出了一些防御措施。他并不需要一个复杂的分析过程。对于那些已经被有效提醒的经理们而言，他们会细加防范错误思考的风险，并小心调整决策过程以抵消风险，因此，测定红旗警示的过程，以及选择防御措施对他们而言并非难事。当然了，这所要求的知识和经历的汇集，通常需要经过许多年的积累，有时还需要根据之前所犯下的代价高昂的错误来积累知识和经验。那就是判断的本质，那也往往是辛辛苦苦赚来的。但是，这并不意味着只有那些有经验的高级管理人员才能为重要决策选择防御措施。如果你倚重于多年的经验，那么你也可以有所助力，即便是相对缺乏经验的决策者也能够对防御措施进行评估和选择。但是这或许要求他们采取更加结构化的方法。

添加一些结构

假设你不像案例中的董事长那样特别有经验。那么你要怎么做才能把选择错误决策的风险降到最低呢？根据前面描述的框架，你可以通过向自己提出以下两个问题来形成自己的思路。第一，是否存在某种红旗警示条件；如果存在，它们可能会如何使决策失衡？第二，哪些防御措施可以用于抵消由最令人担忧的红旗警示所产生的影响？

为了说明更结构化的方法，让我们将这些问题（简要地）用在第6章中所呈现的例子之中。（我们在我们的网站 www.thinkagain-book.com 上，对同一案例进行了更为细致的检测。以此阐明，怎样在更好的分析方法中使用此框架。）

史蒂夫·罗素于2000年至2004年任博姿公司的首席执行官，他面临着如何加强公司的核心药店业务，以及如何壮大公司的问题。他选择把公司的重点置于公司的保健及美容产品这一定位上，并且加强公司在医疗服务方面的其他业务定位上，诸如：牙科、眼镜制造、手足病的治疗，以及其他的健康服务。前半部分的策略成功了，而其他健康服务业务却没有成功。在做决策之前，让我们将自己置身于博姿公司董事长的位置上。

是否存在哪些红旗警示？他们是如何使决策失去平衡的？正如在第 6 章中所讨论的那样，罗素受到了潜在的误导，并且他具有强烈的个人预判。他认为博姿公司需要成长，而医疗服务服务是一个极具吸引力的机会。

罗素还有大量的具有潜在误导性的经验。例如，博姿公司因为其规模庞大，在零售药店方面享有竞争优势。然而，规模优势并不一定适用于一些他想进入的医疗服务领域，诸如牙科。

在罗素的决策中也存在一些不适宜的个人利益。与其他选项相比，诸如坚持核心业务，或者卖掉公司；期权增长对他个人而言更具吸引力，例如扩张医疗服务的范围。正如他所解释的那样，"坦率地说，如果董事会想要遵循现金策略，那么他们一定不会用我。"

罗素或许对博姿公司的零售管理团队、博姿的品牌以及组织也有些不适宜的情感依附。用他的话来说，"我担心的是公司处于失去希望和野心的边缘。"

总的来说，罗素可能会倾向于那些包括向医疗服务行业发展在内的选项，尤其是那些会促使博姿品牌和零售业务发生改变的选项。此外，罗素可能反对那些低增长的选项，诸如对核心业务进行再投资。他的这一偏见曾经相当强烈。用罗素自己的话说，"在 20 世纪 80 年代末，当我还是博姿公司的销售总监时，我就为博姿公司制定了这一雄心勃勃的计划。所以，当我成为首席执行官以后，我下决心要完成这一计划。"

什么防御措施可以抵消由最令人担忧的红旗警示所造成的效果？把你自己放在博姿公司董事长的位置上，你就能够看到或许罗素是对的。但是，自罗素首次形成他自己的观点起，环境可能是不断变化的，所以形成了红旗警示。此外，罗素在医疗服务方面没有经验，所以他可能很容易误判机遇。那么你能做些什么呢？

你的任务是鉴定出最好的防御措施，用以抵消罗素可能存在的偏见。但是你要如何选取防御措施的最佳组合呢？正如我们在附录 II 中所示的那样，可供选择的潜在的防御措施没有几百也有几十。让我们考虑一些可能会有帮助的防御措施。

• **经验、数据和分析**。让罗素接触一些新的经验或者新数据，可能会使他对自己的预判进行挑战。这可以从源头上解决这个问题。作为董事长，你可能会鼓励罗素在医疗服务领域获取一些个人经验。你也可能建议他委任一名顾问，对市场各领域所需要的市场规模、盈利能力、竞争对手、核心竞争力进行报告。然而，考虑到罗素的强势观点，看似仅凭这一项就想有力地消除他对于医疗服务策略的偏见是不可能的。

• **辩论和挑战**。如果你不能依靠新的经验、数据以及分析去做这项工作，你或许会建议罗素，让他通过聘用那些有医疗服务经验的人，来加强自己的决策小组。想要取得成功，需要找到一些具有相关专业知识，且具有足够坚韧性格的人去挑战罗素。

可供选择的方法就是对罗素的预判提出建议，他应该组建独立的小组对该案例进行检验，以抵制进入这类市场。如果该小组是直接向包括罗素和其他董事会成员在内的管理机构报告的话，那么该小组可能需要具有足够的独立性，以传达对选项的客观分析。

然而，本方法所涉及的潜在问题是，罗素已经宣布了医疗服务行业是他想要从事的领域。仅仅是为了挑战该项措施，就把他从对该策略的分析及发展中分离出来，这会是一种使人失去动力的一种举措。实际上来讲，可能没有办法做到。

- **管理**。如果你感觉无论是数据，还是决策团队及决策过程的本身，都不足够充分去抵消罗素的预判，那么你可能需要考虑加强管理过程。你可能需要组建一个董事会的特别小组委员会对提议的细节进行检查，并且或许需要通过一位独立的顾问为小组委员会提供直接的支持。

- **监控**。最后，由于存在这样的危险，那就是即便凭借全部的防御措施仍不能充分抵御风险。因此确保加强监控过程，可能是一个明智的选择。如果已经做出了错误的决策，那么最重要的是尽早鉴别出那些错误，并且改变其发展的进程。例如，你可以花费额外的时间亲自监督早期的过程，会见那些带头开展新医疗服务的人，并且与行业观察者进行确认。这样你就能够确定业务的重要阶段已经渐入正轨、被监管并且起到了一定的作用。

事实证明，这些步骤都没有进行（否则，这个案例也不会出现在本书之中）。其中一个原因是博姿公司的董事长就是其前首席执行官，他有参与到罗素职位晋升一事之中。与一位真正独立的董事长相比，他可能会存在不愿去挑战罗素的感觉。此外，早期所遇见的一些问题没有充分地向罗素汇报，更别提向董事会汇报。那些带头开展该项目的人知道，罗素对他们委以重任，他们不想与他分享坏的消息，使他的幻想破灭。

博姿公司在选择和执行适宜的防御措施时所面临的问题，阐明了一些真正的挑战。即便在我们怀疑决策者可能存在一些不适宜的偏向时，有效的防御措施可能也很难落实到位。而且对红旗警示条件的影响程度，以及重要性可能没有了解得那么清晰。我们的提议并不是万应灵药，而是提高你胜算的一种方法。提供一种识别红旗警示条件和选择防御措施的方法，这么做并不能够杜绝错误决策的产生，但是这样做能够减少他们的风险。正如罗素在通读我们的部分草稿时所说的那样,他真希望当时就看过这本书。

在更复杂的情景下选择防御措施

有时对适当防御措施的鉴定任务会令人生畏——即便对有经验的董事长而言,亦是如此。首先,决策本身可能就不够清晰,这就使得对红旗警示的考虑变得很艰难。第二,决策所涉及的人数可能会很多,使得对所有潜在红旗警示的评估变得很难,或者有可能针对所涉及的不同的人,创建出一长串与他们相关的红旗警示的列表。有一个这样的例子。

一个团队被委任了一项评估任务,那就是要对是否要将一家欧洲大型家族工业公司的总部从德国的南部迁移至新的地点进行评估。有很多种选择,包括:依然留在德国南部,迁移到欧洲的另一个地点,或者迁移至亚洲,以便利用其低成本的优势,因为对该公司而言,这里是正在迅速发展的市场。

由于目前存在大量的雇员及巨大的花销,潜在的节省是很重要的。而且目前公司的总部到主要机场之间还有些距离,因此新总部能够明显地减少所需的行程时间和开销。从另一方面讲,该公司许多高级雇员都定居在德国,如果公司把总部从德国迁移到其他国家的话,他们可能会离开公司,或者出现缺乏动力的现象。对于各个职能部门的服务水平和效率的影响尚不明确。诸如,人力资源管理部门,如果将他们与高层管理团队分开,他们可能会受到影响。

许多个人和团队都参与到了该决策之中,包括首席执行官、管理委员会、董事会主席以及那些位列董事会的主要家族股东。首席执行官位于德国,由其领导的管理委员会也是决策的指导小组。已经快要退休的某一区域的前任领导被委任为该项目的负责人。

该首席执行官已在岗一年了,在该公司工作也有数年之久了。虽然他出生于德国,他之前工作的地点却是在美国,而且他还担任过其他海外职位。在这一年的时间里,他做出了一系列的组织上的变更,筛选淘汰了一些高管,还任命了之前在管理委员会与他共事的许多人。首席执行官反复谈论拥有一个快乐、有效团队的重要性,并且指出在决策中,有效的团队是一条重要的标准。他曾经表达了一些个人的担忧。总部搬迁的主意最早是由董事长提出的,这么做可能会产生一些意想不到的、不幸后果。他决定在执行前要对这些因素进行细致的评估。

业务由位于伦敦的家族控股公司掌控。传统上讲,控股公司的影响相当有限,但是该家族决定对企业业绩施加更大的压力。最近他们雇用了一位新的董事长来帮助他们实现这个目标。他来自一家英国大型公司,并且拥有强劲提升公司业绩的记录——虽然他那时只是在个别业务部门出任高级主管,而不是担任掌控公司的职位。在那家英国公司任职之前,该董事长曾领导过一艘核潜艇,他因清晰却时而专制的管理风格而闻名。他时常走访德国,并且在那里有自己的公寓,但是他的家依然住在伦敦。

一些在董事会任职的家族成员相当关注总部搬迁策略,他们询问了这位董事长。他表达了自己的观点,他认为总部成本很高,虽然他也说想进行客观、全面的评估。他参加了有关该项目的一些早期会议。而且用一位管理委员会成员的话来说,"他的身体语言不是那么的友好。"

该项目的负责人在德国工作了许多年，孩子在那里上学，周末时他和他的家人会去他们在山上的小屋度假。他声称他代表了管理委员会的成员，并表示希望留在原地。正如他所说的，"对我来说怎么样都是可以的，我可能马上就要退休了。但是，如果我们搬迁的话，我的同事们可能会面对一些困难的个人选择。"其他管理委员会的成员坚持他们不排除任何选项。

面对这样的情景，鉴定红旗警示和决定如何调整决策过程并不容易，首先，谁是决策者？项目负责人负责提出一个建议，但是对该决策具有影响力的显然还是首席执行官，也就是董事长。此外，一些家族成员可能会卷入其中。你应该考虑谁的红旗警示呢？

另一个不确定的是因素是该决策的架构。项目负责人曾被问及"总部应该设在哪里？"但是第二个需要决定的因素是"这个新的总部应该包括多少人？"或许构建决策的这两种方式都太狭隘了。或许更好的构建方式是"总部应该起到什么样的作用？"只有回答了这个问题，才能处理好关于规模和选址的问题。

根据架构不同，红旗警示也会不同。那么你要考虑的是哪个架构呢？

显然，对于那些没有丰富的高层决策经验的人来说，这一情景的复杂性会使得鉴别适宜的安全措施变得很困难。我们应该从哪里开始？有没有值得分享的秘诀？

本章剩下的内容将会提供一些实际的指导。我们的目的是证明，即便是复杂的决定也可以使用红旗警示和防御措施的思维进行思考。我们下面阐述的并不是复杂的事情。事实上，刚好相反，是简单的常识。你所需要的思考过程不是要聪明，也不是违反直觉。正如以下四个建议所阐述的那样，思考过程是简单的、直接的，你可以马上做到的事情。

1. 保持简单——然后进行迭代

我们的总体建议是首先保持简单，然后在你的第一个回答的基础上进行迭代。如果你开始使用的是一种看似合理的方法，你可以稍后在这种方法上进行建构。在一些真实复杂的情景下，修改你对因素的分析。关键是你要从某个地方开始，然后再以此为基础。

以上面描述的总部决策为例。复杂性之一就是有很多人对决策产生了影响，包括项目负责人、首席执行官、董事长和家族成员。你需要对所有人进行红旗警示的鉴定吗？不！选择其中一个开始做！例如：首席执行官看似对于决策有着重要的影响，那么让我们从他开始分析红旗警示。随后再对其他人进行红旗警示的分析。

与真正的决策是什么相比，有很多问题具有相似的复杂性。真正的问题是"总部应该在哪里选址？""新的总部需要包括多少人？"还是"总部的作用应该是什么？"从中再挑出一个。选择从那个最简单的开始进行当前的架构："总部应该在哪里选址？"稍后，你可以回过头去考虑构建决策所牵连到的其他的方法。

现在你已经选出了一位决策者和一个决策，考虑红旗警示和一些可能奏效的防御措施就成为更加可控的任务。如果我们对首席执行官的红旗警示条件进行考虑，面对"总部应该在哪里选址？"这个决策，他所潜在的一个情感依附是针对现存的管理团队的。这可能造成他倾向于留在德国的选项。

本着"保持简单"的原则，我们仅从这条红旗警示开始。你可能会考虑到防御措施，诸如任命专人去指导委员会，他将会捍卫搬离德国这一选项。

现在你可以进行迭代，以此去鉴别其他的红旗警示，并且考虑一下这一防御措施是否适用于他们。例如，首席执行官私下里也表达过一些关于总部搬迁的担忧。这可能是基于该选项的资料和客观的评估所得出的。然而，如果他在没有对其他选项适当考虑的条件下，就得出这一观点，那么这也可能是一个误导性的预判。幸运的是，我们已经考虑过的防御措施将会抵消这第二个红旗警示。

在想出一个应对如何保障决策不受首席执行官想法扭曲的初始观点后，你可以迭代考虑一些其他的决策者。例如，董事长也可能对决策产生显著的影响。他的红旗警示包括潜在的预判，他认为总部太大了，应该搬离德国。幸运的是，这一红旗警示会与首席执行官的扭曲相抵。指导委员会包括董事长和首席执行官，因此应该针对两个人的红旗警示条件进行防范。但是预感到意见冲突（和自我），你可能要谨慎考虑在过程中增加权宜之计，以确保辩论是具有建设性，且行之有效的，而非过于个人的。

我们想说的是，通过从一个决策者和一个框架开始，你可以开始分析一个复杂的决策。你可以选择一些防御措施，然后通过对决策者和框架的进一步考虑来改善你的选择。例如，除了董事长以外，你现在还可以考虑与项目负责人和家族成员有关的红旗警示条件。鉴于这些额外的红旗警示，你所提出的防御措施足够了吗？如果没有，你仍需要考虑其他的防御措施。

此时，你只考虑了决策的一个框架："总部应该在哪里选址？"或许首席执行官和项目负责人有误导性的预判，他们认为这是构建决策的最好方式。我们需不需要额外的防御措施来抵制红旗警示呢？在这个案例中，可能是不需要的。如果在指导委员会增添一位董事长，那么框架的决策过程可能要对其他可选的方式进行考虑，比如"总部是太大了吗？"然而，如果你有所担忧，那么你可以建议实行另一条防御措施，诸如：确保项目负责人组织讨论，针对可选的框架与指导委员会进行讨论。确保对范围广泛的可选框架进行解释和辩驳。

要注意的是，你不需要知道哪个框架是正确的。也许坚持原来的框架是正确的，也或许对原框架进行扩展会更好。你所需要认识到的是，在决策的过程中对广泛的框架进行考虑是适宜的，并且要保证预判的观点与其他的观点相平衡。

因此从一个决策者和一个框架开始，你能想出防御措施，围绕着这个决策和框架你可以迭代你的想法。在提出一些建议措施之前，你不需要考虑所有的决策者或者所有可选的框架。你不需要知道谁是最重要的决策者，或者哪个是最好的框架。从明显的地方开始，并且进行迭代。

你所面临的另一个复杂问题是你不够了解决策者，不能像你想象的那样尽可能详细地对红旗警示进行诊断。遵循"保持简单"的原则，先做出一个初始的分析，然后去与其他人进行讨论。事实上，我们"一次一个计划"决策过程的影响是这样的。举个例子来讲，虽然你觉得你的见识已经很广博了，你可能认为首席执行官是主要决策者，可你却忘记了董事长的潜在影响力。与其他人讨论你所诊断出的红旗警示，并且提出对决策过程的改进。这是一个很好的方式，能挑战并改进你所选择的防御措施。

所以我们的建议是从简单开始并进行迭代，以此应对明显复杂的形势。

2. 从最担心的红旗警示开始

你可能会发现你有一长串的红旗警示需要去考虑。当我们要求人们去对他们自己的决策进行红旗警示的鉴别时，他们有时会根据红旗警示条件的四个类别，分别从每个类别中提出两条或者三条。对每条防御措施进行分析看似都是一个艰巨的任务。从哪里开始？

遵循"保持简单"的总建议，从你感觉最担心的红旗警示开始。

你是怎么意识到某条红旗警示是令人担忧的呢？直觉可以满足你——但是它可能对描述"我们这么做时，大脑里是怎么想的"这一状态有所帮助。我们在头脑中构建了一部电影，电影讲述了红旗警示条件是如何对决策者产生影响的，它们使决策者倾向于选择某个特定的选项，而不是选择其他选项。我们对被选择的选项和未被选择的选项进行评估，看两者之间是否存在显著的差异。我们不需要觉得哪个选项是"正确"的，只是红旗警示在选项选择方面可能会导致显著的偏见，因此会出现明显不同的结果。

例如，在总部的案例之中，首席执行官有几个红旗警示。我们已经提到了他对现行管理团队存在潜在的情感依附，以及他的潜在预判，他认为迁移总部将会是一个糟糕的主意。但这些都不是他唯一的红旗警示。他有潜在的个人利益，他不想举家迁出德国。可能在保持总部远离董事长和家族成员的方面，他也有一些个人利益。那样他就可以维持对他的管理团队紧密严格的控制。

这些之中的第一条，对他的团队的情感依附是最令他担忧的。这条可能会影响到首席执行官做出留在德国不搬走的选择。与搬走相比，这么做效果是很显著的，每年潜在节省的成本高达数千万欧元。总的来说，经过评估，我们认为这是最令人担忧的红旗警示，因此从这条开始最为合理（评估可能源自直觉或者是分析）。

一旦你选定了一条红旗警示，那么就要考虑一下哪些防御措施最适合用来处理这一红旗警示。然后回过头去挑选另一条令你担忧的红旗警示。试问一下你自己，你所选择的防御措施是否能够提供充分的保护。

当你面对许多红旗警示时，要做什么？这一问题你现在已经能够处理了。下一个挑战是在众多可选的防御措施之中，要怎样进行选择。（这里我们主要是指唯一的那条防御措施：包括在指导委员会任职的董事长。但是在附录 II 中，我们提供的清单包括许多可选的防御措施。）你如何为给定的决策者和红旗条件选出最适合的防御措施？

3. 如果有疑问，按顺序考虑防御措施

在众多可供选择的防御措施之中进行选择时，可以按照前一章所暗示的顺序，以及图 10-2 中所总结的顺序进行选择。首先对新经验和新数据进行考虑。这些能给决策者提供更广泛的模式或贴上情感标签吗？如果这些看似不够充分，那么考虑一下怎么样才能够利用辩论和挑战来帮助决策者调整他或她的思路。如果难以想象真正的辩论和挑战是怎样的，比如，因为决策者是一个占主导地位的人，而下一个需要寻求防御措施的领域是管理过程。通过加强管理就可以杜绝任何的错误提议了吗？最终，如果你仍然担心所做的决策可能是错误的，考虑一下加强监控过程

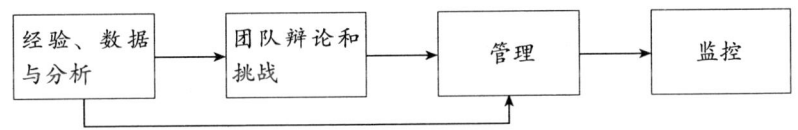

图 10-2　选择防御措施

的方式,那样就可以鉴定出错误决策的结果,并且尽早有效率地处理。

再考虑一下总部的例子。你已经鉴别出了一些可能会影响到首席执行官进行判断的红旗警示条件。这些红旗警示条件包括对管理团队不恰当的潜在情感依附,和反对总部搬迁的误导性预判。数据和分析能够帮助抵消首席执行官头脑中的那些问题吗?或许不能。这两种红旗警示都具有强烈情感的标签,仅通过大量的信息是不可能被抵消的。然而决策组的辩论和挑战可能是一种有效的防御措施,尤其是通过让董事长参与到指导委员会之中,以及在过程中添加一位主持人的方式来实现辩论和挑战时。

如果你仍有担心,你可以进一步增加一个管理层。你可以建立一个控股公司董事会的特别小组委员会,对指导委员会的决策进行检查。或许你可以请一位独立顾问,对不同的选项进行分析,帮助董事会成员对决策进行客观的核查。

最后,如果你担心即便有了额外的管理,可能也不足以阻止错误决策的制定,那么你可以考虑一下在监控过程中要怎么做才能够有所帮助。在这个案例中,你可能会总结得出,严格的监控将会是一种无效的防御措施。一旦决定变动公司的地址,即便将来有机会证实这一决策是有缺陷的,也不可能有机会快速地对该决策进行改正了。这样的结果就会使你转头去考虑其他的防御措施，并且更加努力地思考如何使它们发挥效果。

在对可选方案进行评估的最后，你可能已经鉴别出了几个潜在有趣的防御措施。这是否意味着你应该使用所有的这些防御措施？凭直觉，你觉得全部都用可能是用力过猛了。

但是你怎么知道什么时候你使用的安全保障太多？用多少是足够的？究竟是太多，或者是太少？这就给我们带来了我们的第四条，也是最后一条建议。

4. 衡量每个防御措施的好处，抵制其副作用。

你已经鉴定出大量可用的防御措施，但是你要如何在它们之间进行选择呢？首先你应该对它们进行评估，看它们是否有足够的力量去抵消红旗警示所产生的潜在效果。但是你也应该评估一下它们是否具有什么负面效果。也就是我们所说的副作用。有这样的一个类比，就像医生开药方一样。可以选择的药物可能有很多种。医生要考虑疾病的影响（偏见可能是由红旗警示条件造成的）、药物针对某种特定疾病的程度（防御措施是否针对具体的偏见）、药物的效力（各种防御措施的强度）、以及它们潜在的副作用（防御措施是否存在任何超过其效益的消极作用）。

在总部决策的案例中，有许多潜在的防御措施。它们包括：

- 为指导委员会增设董事长、家族成员、一些执行经理、一位独立的专家，或者一位主持人。
- 创建控股公司董事会的特别小组委员会，以提供额外的管理。
- 雇用一位独立的顾问来对不同的选址进行评估。

通过对这些的回顾，你可以考虑哪些是最吸引人的。换句话说，哪一条能最有力地瞄准红旗警示条件，并且具有的负面作用是有限的。例如，在决策过程中加入董事长是一条有力的防御措施，因为董事长有重要的经验和权力。如果有需要，他会对首席执行官进行挑战。

然而，他的介入并不是特别针对红旗警示条件的。例如：他们不会直接处理首席执行官对其管理团队的情感依附。而且也会存在一些副作用，例如：两个人之间的个人竞争可能会加剧。论点的升级可能会产生不愉快，以及破坏性的对峙。加入一位中间人可能会有所帮助，或者你可以考虑给他们两个在指导委员会以外安排一些会议。总的来说，这条防御措施就类似于一种效力强劲的药物，你可能需要对其副作用进行控制。

考虑到这个问题，可能会引发你对其他可选的副作用较小的防御措施的考虑。比如，找出首席执行官的思考在多大程度上受到了情感依附的影响，这样做可能是有帮助的。比如，项目负责人可以就影响他思考的因素，与首席执行官进行谈话。如果他对管理团队的情感依附的影响看似很小，那么在决策过程中就没有必要引入董事长了。或许项目团队本身就足以平衡其工作，或者对管理团队可能出现的影响进行一场公开的讨论，就能将问题摆在桌面上，通过这样的方式就可以对问题进行比较客观的讨论。

我们现在是在带你领略鉴别适当防御措施的过程。在这一过程中你可能会面对一些复杂的情境和挑战，但是总会有解决的途径。我们已经通过一个例子对其进行了阐述，该例子涉及了现实生活中的一些复杂性和微妙之处。在例子中需要使用不同的方式来构建决策的框架，许多人可能对决策产生影响，而且存在多种红旗警示。

本章我们的目的在于为你提供大量用于鉴别红旗警示和选择防御措施的方法。有些意见是关于如何在你的日常生活之中使用这种思维的。无论你是使用自己的直觉，还是使用我们所推荐的一些方法，我们希望你现在有能力对自己的决策中是否需要额外的防御措施，以及使用什么样的防御措施进行思考。

我们的个人经验表明，要成为一名卓有成效的决策者，不仅是要成为一名专家，或者是拥有良好的判断力，还涉及能否采取措施去防御那些会导致错误决策的不可避免的扭曲以及偏见。你不能消除所有的错误决策，但是你可以降低做出错误决策的风险。

11　领导者作出正确决策

对于组织或个人而言，决策是行动的血脉。没有决策什么也做不成。然而决策可能会很复杂，我们永远不会把一切都做得很正确。即便由那些最理智的、不受情感左右的决策者做出的最佳方案，其结果也并不总是很完美的。本书不能保证你每次都获胜——没有哪本书可以做到这一点。但是如果有人来找你说：

- 可以获得更好的决策，并且日臻完善。
- 可以在事情变得糟糕之前，提前看到具体的细节并加以识别。
- 你可以提前采取一些具体的可以识别的行动，以显著降低你做出错误决策的风险。

那就是本书的所有内容。基于对神经科学和决策的广泛研究，以及我们的战略决策数据，我们能够给出一幅通往更强大、低风险决策的地图。

考虑一下这种可能性。假若国土安全部的马修·布罗德里克已经了解到新奥尔良不是佛罗里达，飓风不是军事战场那将会怎样？在他低估了"卡特里娜"飓风的灾难性破坏的情况下，他真心依赖的经验基础是极具有危险性的误导吗？布罗德里克就像王安一样，即便是在他真的做错时，他总是让自己相信他所做的是正确的。他没有反复思考做出的决策导致了"卡特里娜"飓风的那场灾难。

我们中的很多人可以回顾一下我们所做过的重要决策。在这些决策中，我们发挥着关键的作用。无论其结果如何，我们都可以回忆起那些我们的思想、行动与现实情况没有完美结合的情景。也许是因为我们盲目借鉴过去的经验，没有充分考虑经验与我们所面临的决策之间的关系。也许是因为强大的预先判断或者情感依附，我们锁定了某一个解决方案，拒绝考虑其他可选的观点。

或者考虑一下由史蒂夫·罗素担任博姿公司董事长这一职位的那一时段，他做出了进入医疗服务领域的错误决策。假使他能够很好地认识到预判正潜在地扭曲着罗素的决策制定，那将会怎么样？假如他能够再三考虑决策的过程，并且添加一些防御措施，诸如建立董事会的小组委员会，或者实施更加严密的监控过程，那又将会怎么样？

我们中的许多人至少应该在事后回顾一下我们所做出的重要决策，那就像看电影慢动作中一列失控的火车一样。我们能感觉到人们的偏见对结果的影响。我们会感觉到很不舒服。但是我们做的还很不够，我们没有对潜在的问题进行分析，也没有推荐防御措施。

回顾时我们或许会感到奇怪，为什么会发生这样的结果？我怎么会允许自己做出如此有偏见的解决方案，或者为何如此执著于这一种解决方案？当事实表明我可能做错了时，我为什么仍会觉得自己是对的？为什么我对于如何加强决策过程没有做出更多的创新性思考？我为什么没有重新再考虑一下？

如果我们将本书中所教授的内容铭记于心，我们能总结出的结论就只有以下两点：

1. 事情将要发生时，我没有意识到它要发生了
2. 我将尽一切努力确保它不会再次发生

我没意识到它将要发生了

我们已经详细地讨论了神经科学的一些有趣的研究，这些研究是关于我们潜意识的力量，以及潜意识不仅能够操控我们的思维，而且能够操控我们的行为的有趣研究。这些全都是真实的，但是我们潜意识的力量能给我们一张"出狱自由"卡，从本质上赦免我们的职责吗？当然不能！考虑一下，你所在的组织、团队，甚至是你的家庭，有多少次的决策是未经过对人们真正想法进行公开讨论就做出来的？那么我们为什么要对错误决策的做出感到惊讶呢？

现如今，我们不能确保人们总是大声地说出他们自己的想法。即便他们这样做了，我们也不能确保那些手握大权的人会对此予以关注。那么我们能做些什么呢？我们能够帮助人们意识到将要发生什么。在你所处的组织之中，经理们会经常谈论红旗警示条件和决策过程中所需的防御措施吗？大多数人的回答是否定的。这就意味着我们没有将自己置于这样的位置去认识将有不好的事情发生，因此我们很少有机会去阻止它的发生。

但是现在你已经通过大脑中的理解对自己进行了全副武装，四条红旗警示条件的列表可以对决策进行事先的预测，并且防御措施的一些想

法可防止将红旗警示视而不见。你现在没有任何借口了。你现在需要利用这些知识去做出那些可能会出错的决策,并且大声说出来。

我将尽一切努力以确保它不再发生

值得一提的是,当我们到世界各地与公司合作,在不同的组织内进行演讲时,听众们常会点头同意我们的观点,并且说出那个王安,或是保罗·沃尔福威茨,或是其他的谁是如何真的把事情搞砸的。通常看出别人错在哪里更容易些,只有在由我们自己负责决定我们的组织或团队如何去做决策时,我们才能真正有所体会,否则一切都不会有任何的改变。

我们要如何处理那些能够扭曲我们思路的红旗警示的陷阱呢?当有人在某些决策情境中判断出他或她所认定的首要红旗警示。我们要如何抵制这些红旗警示,从而加强我们的决策过程呢?当有人在决策之前(或者至少在决策过程的早期),要插入防御措施。我们的职责是要勇敢地面对可能存在的危险偏见,采取行动保障决策的实行,这也是我们的底线。

红旗警示和防御措施并不是万应灵丹。或许你还在担心你不能鉴别出所有的红旗警示条件。或许你还在担心那些足够强大的防御措施不可用。或许的确不存在有效保障决策安全的方法。

这些担忧都是自然的,还有另一种更加积极的思考方式。你可能已经意识到一些红旗警示条件的存在。如果还没有,你或许可以通过与涉事者的讨论鉴别出他们。一旦你发现一个红旗警示,并且与其他人分享你的担忧,你几乎肯定可以想出适当的防御措施。如果你还是想不出,我们的附录 II 中的防御措施体系或者我们的网站都可以帮助到你。

重要的决策十分重要，它可以使你安枕无忧，一切顺利。如果你也卷入其中，你有责任帮助大家尽可能地做出最好的决策。

领导们做出好决策

我们分析的核心是以领导们能够做出好的决策为前提的。但是要做到这一点，当我们在面对非结构化和不完整的数据、不同的视角、时间的压力，以及其他来源的不确定性时，我们需要扩大对所发生的事情的理解。

在许多公司中，有一种趋势是把战略性决策当作主要理性分析的过程来对待。一个组织面临的特定环境是根据其竞争对手、客户、供应商、监管机构和其他利益相关者来定义的，该组织要寻求方法进行最佳定位来满足其核心目标。例如在 20 世纪 90 年代，在摩托罗拉（Motorola）看到手机业务不断变化的业务格局时，它就会看到诺基亚（Nokia）和爱立信（Ericsson）从模拟转向数字技术的转变，就会观察到它内部有向数字技术转变的核心能力，并且会快速利用这些核心能力的优势进军数字移动电话制造的强势地位。当然，任何称职的商学院学生或者战略分析师将会把这种战略视为那时显而易见的业务动向。然而，使用这种标准分析的唯一问题就是它忽略了最重要的一部分：决策者！摩托罗拉公司经理打赌模拟技术会继续为他们现有的战略提供数据支持，并且以"4300万的模拟客户不会错"为理据，继续向错误的路线前行。决策不是自然而然地发生的，不会以随机的方式形成。如果关键的决策者不是分析的一部分，那么"客观战略分析"几乎是没有用的。

这就是为什么把焦点放回到关键人物身上是那么的重要，关键人物也就是组织的领导者。领导者有责任确保重要决策所涉及的事情都应该被列为分析的一部分。领导者同样负有责任，去发现自身可能存在的客观性的缺失。

但是对我们而言，这是一个多么好的机会！几乎每个人都花费了工作生活的大部分时间在他们的组织上。还有许多人以组织环境为背景，花费大量时间在做志愿者和其他活动上。因此，我们所有的人都涉及决策的制定，而且看别人在一些重要方面上做决策也会对我们产生影响。试想一下，如果我们把我们所认识的人和决策放在心上，那将会是怎么样的一种情景。如果我们积极地关注那些经常潜伏在表面之下的红旗警示的条件。如果我们积极地关注那些能够抵消红旗警示的防御措施，我们就会有很大的机会去改进决策。

最终，错误和灾难将会发生。学会本书所教授的课程，不能确保我们永远不会沦落成为糟糕结果的一部分，也不能确保我们永远不做出糟糕的决策。但是本书的内容能够减少我们的弱点，并且帮助我们避免一些可能会毁灭我们的组织、事业，或是生活上的糟糕决策。我们都有"三思"的能力，问题在于我们是否会这么去做。

附录 I

案例数据库

本附录列出了我们所研究的案例（参见图 AI-1），并将我们对相关当事人进行采访的案例与那些我们完全依赖于可用公开数据的案例划分开来。在某些案例中，其可用的公开信息量十分巨大，诸如，"卡特里娜"飓风，以及布莱尔对于出战伊拉克的决策。

对每个案例抵制决策错误的四个主要原因进行了打分。

- "主要"意指这个因素可能是主要原因。
- "一些"意指这个因素可能有一些影响。
- "有限"意指这个因素可能有一些影响，但是影响非常有限。
- "？"意指我们没有足够的信息来对其进行判断。
- "——"意指这个因素可能没有影响。

其他的重要影响是在工作上的，这些影响都被列在"评论与其他"一栏当中。

案例	误导性经历	误导性预断	个人利益	情感依附	评论及其他
基于访谈					
1. 博姿公司——医疗服务	一些	主要	一些	有限	
2. 能多洁公司——大型收购	主要	一些	一些	一些	
3. 马可尼公司——出售公司的决策	一些	?	主要	一些	
4. 博姿公司——使连锁店走向世界	主要	主要	一些	一些	
5. 博姿公司——组织决策	——	?	——	一些	专家给出的糟糕的建议
6. 机密——收购	?	主要	一些	一些	
7. 国民西敏寺银行——市场业务的发展	——	主要	一些	一些	
8. 国民西敏寺银行——一生事业的发展	主要	主要	一些	一些	
9. ITV——数码技术的发展	——	主要	有限	一些	

（续表）

案例		误导性经历	误导性预断	个人利益	情感依附	评论及其他
10.	飞利浦A——机密	主要	主要	一些	——	政府影响
11.	飞利浦B——机密	主要	一些	一些	——	绿色牧场问题
12.	联合利华——变得更加创新的项目	——	主要	一些	——	
13.	联合利华——聚焦于400个子品牌	一些	主要	——	——	糟糕的建议
14.	路透社——对于市场变化的反应迟缓	主要	主要	——	——	
15.	德州仪器——收购企业信息系统	一些	主要	主要	——	
16.	全食公司——品牌经理	主要	有限	主要	——	
17.	咨询业务的集中	有限	——	主要	主要	
18.	印度家族公司的新首席执行官	主要	一些	一些	一些	
19.	慈善基金——投资新项目	主要	一些	有限	——	

（续表）

案例		误导性经历	误导性预断	个人利益	情感依附	评论及其他
20.	慈善基金——任命博物馆馆长	——	一些	主要	一些	
21.	电力公司——进入欧洲	一些	主要	主要	——	
22.	波士顿红袜队——种族融合	——	主要	主要	——	
23.	鲜果布衣——向境外转移制造业	一些	——	一些	主要	
24.	General Magic 公司——20世纪90年代早期将新个人数码助手技术商业化	一些	主要	一些	主要	
25.	铱星——建立卫星电信	——	主要	主要	主要	
26.	强生公司（J&J）支架——下一代支架	——	主要	主要	——	
27.	强生公司——整合心脏医疗技术	主要	一些	主要	一些	
28.	摩托罗拉公司——数字技术	一些	主要	主要	一些	

（续表）

案例	误导性经历	误导性预断	个人利益	情感依附	评论及其他
29. 牛津大学——信息技术转换	主要	一些	有限	有限	
30. 乐柏美——分布变化管理	主要	一些	一些	主要	
31. 盛世长城国际广告公司——扩张	主要	一些	主要	有限	
32. 施文公司——进入新山地自行车行业	一些	——	——	主要	
33. 雪印乳业——产品污染	有限	——	主要	有限	
34. 托罗公司——制造无雪的吹雪机	一些	主要	——	——	
35. Webvan公司——进取型增长策略	主要	一些	主要		
36. 通用公司——自动化技术	有限	主要	一些	——	
37. 王安——个人电脑的决策	主要	主要	——	主要	
38. 三星——进军汽车行业	一些	一些	——	主要	
39. 桂格公司——收购思乐宝	主要	一些	——	——	

（续表）

案例	误导性经历	误导性预断	个人利益	情感依附	评论及其他
40. 美泰公司——品牌延伸	主要	主要	——	——	
41. 布莱尔参战伊拉克的决策	主要	主要	一些	有限	
42. 消费品公司——新股发行制度	主要	——	——	——	
43. 美国银行独立投资咨询业务的扩张	——	主要	主要	主要	
44. 欧洲公司总部的迁移	——	主要	一些	主要	
45. 制药公司继续对新药进行投资	——	一些	主要	——	
46. 美国公用事业减少现金投资	一些	主要	主要	一些	
47. 独立发电厂实施管制	主要	主要	主要	一些	
48. 虚拟的公司——新策略	一些	主要	一些	——	
49. 虚拟的公司——收购	——	一些	主要	——	

（续表）

案例		误导性经历	误导性预断	个人利益	情感依附	评论及其他
基于公开数据						
1	中途岛海战	主要	主要	有限	——	
2.	艾尔弗雷德·拉塞尔·华莱士与招魂术	主要	主要	一些		
3	勒维耶与火神星	主要	主要	一些		
4	胡佛总统和大萧条	主要	主要			
5.	戴姆勒——收购克莱斯勒	?	主要	一些	一些	糟糕的战略思考
6.	克科里安向克莱斯勒发出并购邀约	主要	主要	——		
7.	戴姆勒决定与梅赛德斯合并	——	?	一些	——	
8	胜腾并购	主要	主要	主要	——	
9.	美国数字设备公司——组织决策	主要	有限	——		
10.	美国数字设备公司——增长	——	主要	一些		
11.	虚拟的案例——低成本战略	主要	主要	主要		

（续表）

案例	误导性经历	误导性预断	个人利益	情感依附	评论及其他
12. 拉法基集团——石膏技术	—	主要	一些	主要	
13. 伊顿有限公司——转型失败	—	—	一些	一些	
14. 安然公司——特殊目的的载体	一些	一些	主要	—	
15. 美泰公司——品牌延伸	主要	主要	—	—	
16. 阿纳姆战役	一些	主要	主要	一些	
17. 依视路——新科技	主要	主要	有限	一些	
18. 英之杰公司——收购TKM	?	一些	一些	一些	
19. 虚拟的案例——新科技	?	一些	有限	主要	
20. 考陶尔兹公司——新线	有限	一些	一些	主要	
21. 英克隆制药公司——新癌症药物的商业化	一些	一些	主要	一些	
22. 施乐公司——办公自动化	—	主要	一些	—	

（续表）

案例	误导性经历	误导性预断	个人利益	情感依附	评论及其他
23. 玛莎百货——收购布鲁克斯兄弟	——	一些	——	主要	
24. 家得宝公司——重建	主要	一些	一些	——	
25. 甲骨文——收购仁科公司	——	——	一些	主要	
26. 保罗·沃尔福威茨——为他的情人争取利益	——	?	——	主要	
27. 三星——进入汽车领域	一些	一些	——	主要	
28. 西弗吉尼亚大学——工商管理硕士授予	——	一些	一些	一些	
29. "卡特里娜"飓风——布罗德里克对于决堤的决定	主要	主要	——	?	
30. 猪湾事件	——	主要	一些	——	
31. 可口可乐公司——比利时产品污染	一些	有限	主要	——	

（续表）

案例	误导性经历	误导性预断	个人利益	情感依附	评论及其他
32. 大英百科全书——电子产品	主要	主要	一些	一些	
33. 费尔斯通——普利司通合并	主要	一些	——	——	
34. 雄狮食品——扩张策略	主要	一些	——	——	
"主要"的数目	35	44	25	15	
"一些"的数目	18	24	32	21	
合计	53	68	57	36	
占案例总数的百分比					
"主要"	42%	53%	30%	18%	
"一些"	22%	29%	39%	25%	
"主要"和"一些"的合计	64%	82%	69%	43%	

图 AI-1　案例数据库

附录 II

防御措施数据库

在本附录中,我们为您提供清单以帮助您选择防御措施,或者用于反复核对,以防止好的想法被忽略。正文中所使用的结构是将防御措施划分为四类(参见图 AII-1)。我们还对其他一些潜在的防御措施及其局限性进行评价。进一步的想法可以在我们的网站上查到。

经验,数据和分析

使用防御措施抵制糟糕决策的一种方法就是引入新的经验、数据和分析(参见图 AII-2)。其目的在于为决策者提供更新的模式并贴上情感标签,因此从根源上解决他们思想中的任何扭曲。

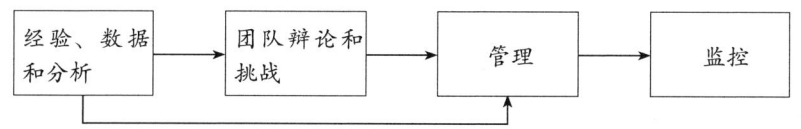

图 AII-1　四种类型的防御措施

防御措施的类型	案例
让决策者接触新的经历	• 在现场时，组织客户访问。 • 将收集信息的角色分配给高管们——如：研发、销售。 • 定期分享行业信息 • 增加给高管的实时信息流动
任命那些与决策者有着不同经历的人做顾问	• 利用内部专家或者组织中不同部门的人做特定分析模块。 • 对外部专家和具有其他经验的人做访谈。 • 利用具有专家专业知识的外部顾问。
购买数据和分析	• 购买或委托制作行业报告及研究。 • 使用个案研究，行业类比，或与其他决策进行类比，行业生命周期分析，以及从别人的经验中得出的模式。
对关键假设进行分析	• 重点分析经典决策过程中的特定元素。例如：为问题创建可供选择的框架，制定框架和标准之间的联系，讨论关键的假设，建立详细的执行步骤。 • 对关键领域的不确定性进行额外的模块分析，尤其是对那些不确定性经验有限的领域。例如：对主要假设的测试，不同选项间的风险评估 / 对不同选项的反复权衡。 • 对产生明显异常结果的领域进行额外的模块分析——例如，分析微弱信号的潜在涵义。 • 对所提出的解决方案进行压力测试——例如：不利情况恶化 25%。 • 创建一个模型去模拟特定选择的后果。

（续表）

防御措施的类型	案例
使用挑衅性数据和分析对预判或其他有力的情感标签进行强劲的挑战。	• 让决策者在辩论中将缺点列出来。 • 使用令人信服和违反直觉的类推或个案研究对主要假设进行挑战。 • 采用"白纸空格"的方法，从框架开始，进行选项选择。 • 由与团队没有情感连接关系的个人或者团队进行挑衅委员会的研究——例如：对第二选项进行评估。 • 使用"打破框架"的技巧，诸如场景分析法对现存情景的观点进行挑战，或者通过游戏对一系列选择是如何得出结果的进行挑战。 • 让决策者对可能攻击他们业务的竞争对手或试运转进行分析，从而对不同的框架和选项进行思考。 • 进行涉及决策者的竞争游戏/战争游戏。

图 AII-2　关于经验、数据和分析的清单

团体辩论和挑战

将精心挑选的人放在一起组成团队对决策进行辩驳是降低错误决策风险的最有效方式。数据和分析最有可能对已经开放的头脑产生影响，而一群经过精心挑选的决策小组更有可能确保对假设进行充分的挑战，对选项进行严格的讨论，并且揭露偏见。

幸运的是，对于如何选择正确的团队，确保人们表达自己的意见有大量的建议。一般来说，两种方法都可以用于改变决策团队的成员组成，

或是改变决策过程的设计。但是存在许多变体，一些已经在图 AII-3 中列出。

防御措施的类型	案例
共享经验以识别并激发一系列的观点	• 顺着桌子，要求团队中的每位成员给出他们的观点，或者表达他们的疑问。 • 举行会议，在会议上针对决策中关键的不确定性，分享不同的观点。例如：市场的吸引力，竞争优势的来源，自然环境，竞争对手的威胁。 • 举行会议对经典决策过程的元素进行讨论，比如：框架构建、选项、评判、或者执行挑战 • 对框架、选项、标准等进行头脑风暴。 • 增添一位主持人 • 改变组织过程，以创建新的动态和讨论。例如，从正式的讨论转变到非正式的讨论，或者是从非正式的讨论转变到正式的讨论，亦或是从综合性的讨论转变成两组或多个独立组的讨论。 • 将地位、等级差异降到最低，淡化礼仪，提高团队的凝聚力，增加成员心理安全，使团队成员感觉更加舒适，以便他们去挑战团队中明智或强势的成员。 • 在决策小组中安置一位内部专家或者一位外部顾问
添加持有不同观点的新成员	• 添加有着不同个人利益和（或）情感标签的人。例如，持怀疑态度的多面手（通才）有着不同业务背景的经理们，来自其他业务的经理，或者董事会成员

（续表）

防御措施的类型	案例
增加持有不同观点的新成员	• 给决策小组增加一位主持人 • 增加同决策组的沟通，和决策组内部的沟通，以增加观点以及随之而来的挑战的多样性 • 或是相反：消除团队中的"问题"成员 • 以更为"客观的"条款来展现结果，这样就可以运用突出的假设对结果进行相互比较，例如：NPV，风险/回报对比
直接挑战决策者，以反映出他们的情感标签	• 将具有互补模式和情感标签的高级领导者进行配对。 • 使用机密顾问来听取、建议和挑战高级决策者——例如：董事长或董事会的成员；所支持的顾问，投资银行家，或者私人教练；人力资源专员，可信的内幕人员，智囊团的成员。 • 针对决策陷阱进行一些训练和练习 • 在决策过程中给个人和子小组分配不同的角色——例如： • 将授权人、评估者和建议者的角色分开 • 使用快速的方法——例如：分配决策责任：建议、同意、执行、输入、决定
定制决策和目标，以鼓励提出新的适宜的观点	• 分配德·波诺的"帽子" • 如果需要对专责角色进行定义——例如,未来主义、稳定力量、行动方向 • 创建定制的角色扮演活动 • 为团体和决策过程创建共同的目标 • 让经理们去分析，如果他们拥有业务，他们将会做些什么

（续表）

防御措施的类型	案例
设计决策过程，鼓励持有不同观点的人之间发生冲突	• 举行会议对新的框架、选项、标准进行认定 • 增加流程步骤，去挑战主流的观点 • 私自采集团队成员的建议——例如通过访谈或者一份问卷，然后在小组中对发现进行评论 • 对决策组以外的样本人群进行调查或者通过电邮发送一个结构化的问卷，以获得他们对于选项的观点等 • 使用秘密投票或类似的投票方法去排除不同的意见。 • 使用外部的主持人或董事长，以确保对挑战的识别和培养 • 使用正式的方法通过结构化的方式来增加挑战。例如，辩证探询法（分组提出可选的选项，然后让整组人共同协作鉴定出做好的选项），魔鬼代言人法（隶属小组对所提议的选项进行抨击） • 确保存在一个有分歧的阶段，以产生新的想法。要求对多个选项进行鉴定和分析 • 假设决策已经失败，对决策进行事前检视 • 自由沟通去挑战领导者和团队最高级成员的个人行为

图 AII-3　团体辩论和挑战的清单

管理

管理过程（参见图 AII-4）可以被视为最强有力的防御措施形式，尤其是当决策组的领导也同为提议选项的强力拥护者时。这种情况在大型的组织中很常见。

防御措施的类型	案例
在管理过程中增加人员	• 在所担忧的不确定的方面，添加一个有相关专业知识的人 例如：国际市场，实施要求 • 添加一位具有不同情感联系的人员——例如，不同预判的人，对现状没有情感依附的人
要求额外的数据和分析	• 要求更多的数据和分析作为补充，这些通常是由决策小组提供的 • 使用或建立与组织中的人的关系，让他们来提供背景信息和意见 • 委托进行独立审查
增添挑战以加强管理过程	• 具有挑战性的提问 • 创建小组委员会对提议进行预览 • 增加对决策的各方面进行辩论的时间——例如，商业背景，框架，选项，标准 • 添加额外的管理层——例如，更多的审核，与其他利益相关者进行更多的会议。 • 要求在特殊的时段关卡将决策发回重审

（续表）

防御措施的类型	案例
回顾并调整整个决策过程	• 对决策组合及其所使用的决策过程提出建议，或者要求其提交一份报告。 • 针对潜在的红旗警示创建清单，并且推荐适宜的安全保障措施 • 在决策的过程中要有一位管理团队的成员作为观察者
对承诺进行检测	• 采用一种挑衅、挑战的风格 • 一开始就拒绝决策

图 AII-4　管理清单

注释：也可以使用在团队辩论和挑战清单中列出的许多安全保障措施（图 AII-3）来加强管理的过程。

监控

如果其他的都失败了，那么监控过程（参见图 AII-5）可以用来降低错误决策的风险。

防御措施的类型	案例
通过监控过程对承诺进行检测	• 明确业绩测定 • 对所有的主要决策设立事后审查过程 • 宣布专门的事后审查，或对特别的决策进行报告 • 将决策的结果直接与补偿和其他奖赏相关联

（续表）

防御措施的类型	案例
建立正式的评估过程，并且根据评估结果对决策进行调整	• 要求原型和实验，并且设置性能需求 • 采用阶段性投资法——例如医药公司
在执行决策到出现成果的期间要提高反应能力	• 配备强有力的实施团队 • 提高学习的能力，执行要灵活 • 创建更多可选的结果

图 AII-5　监控清单

另一个类型的防御措施：组织和环境背景

我们应该简要地提及另一类型的潜在防御措施，以及为什么我们没有将其囊括在本书中的原因（虽然在我们的网站上对这一类描述的较多）。

组织背景和环境背景会影响决策者。例如，本书的一位作者对一家气表制造厂的首席执行官和财务经理进行了访谈。该气表制造厂极其注重最大限度地提高资本回报率。他们税前资本回报率超过35%，他们无疑对自己的表现感到很骄傲。作者问他们是否将会准备好借机会进行投资，投资的回报率是20%或25%，如此将会压低他们的平均回报率。管理团队承认那将很难做到，即便他们也同意作者的观点，回报将会远远高于投资的成本。

把组织和环境的局限作为一种防御措施的情况是这样的。在大多数的案例中，在决策的时间框架下改变这种局限是不实际的。出于这个原因，我们没有进一步将这一防御措施纳入本书之中。然而从长期来看，改变决策背景可能是一种提高一系列决策并提升决策总体质量的强有力方法。一些背景因素在图AII-6中进行了描述。

防御措施的类型	案例
总体角色、指标、奖励制度	• 岗位描述和角色定义 • 显形和隐形业绩考核 • 奖金制度 • 晋升标准
结构与层级关系	• 在组织上下和组织内部进行交流 • 愿意挑战上级
系统和过程	• 预算 • 资本分配与支出的审批 • 战略 • 目标设定 • 业绩评价
战略	• 战略的种类——例如，增长战略，降低成本战略 • 近期或显著的战略性成功或战略性失败

（续表）

防御措施的类型	案例
决策文化	• 直觉与分析 • 行动与规划导向 • 决策风格——"英雄和偶像"所提供的模板 • 共同的价值观 • 培训及发展项目
重要的相关者	• 主要股东、所有者 • 顾客、供应商 • 其他——例如，行业协会（联合会）、工会
外在的影响	• 工业配方 • 竞争对手近期的成功故事

图 AII-6　内容清单

致　谢

许多人对本书给予了帮助与支持——他们不希望我们提及其姓名，愿尊其意。可提及的包括我们阿什奇战略管理中心（ASMC）的同事——马库斯·亚历山大、费利克斯·巴伯、斯蒂芬·邦加、安东尼·弗里林，还有迈克·古尔德——他们为本书提供了宝贵意见，并为本书书稿提供了素材资源。阿什奇战略管理中心的成员公司也给予我们指导和灵感，特别是来自成员公司的彼得·范·拉尔霍芬和菲尔·伦肖，约翰·布特曼、斯图尔特·克雷纳和戴斯·狄洛夫，哈佛商学院出版社的编辑杰夫·基欧为本书提供了编辑支持。此外，本书的素材、案例以及建议来自马丁·埃萨扬、尼克·瓦伊纳、瓦伦丁·冯·马索、莉斯·麦克梅肯、西蒙·威尔希尔、彼得·贝纳尔、西蒙·法恩伯勒、佩妮·达希、卡姆·米德尔顿、迪玛·波德波尔妮、尼尔·莫内里、朱迪·贝文、乌尔里希·皮顿、鲍勃·巴特以及杰伊·金。

乔·怀特海尤其想对其博士生导师——约翰·斯托普福德以及约翰·亨特致以诚挚的感谢，是他们引领乔走上研究决策之路。乔将本书献给莫妮卡，相信她嫁给乔不会错。

悉尼·芬克斯坦感谢达特茅斯学院塔克商学院的大力支持，尤其感谢保罗·达诺斯院长和鲍勃·汉森院长，他们一直坚信研究问题、探究成因能够给我们诸多启示。同时感谢学院的MBA学生以及行政人员，他们为书中部分观点进行了验证，尤其是"卡特里娜"飓风案例中的观点。衷心感谢海伦·里斯这位杰出代理人一如继往的支持和为本书付出的努力。悉尼将本书献给他的女儿埃丽卡，迄今为止，她已经做出许多深思熟虑的决策，此后更将如此。

安德鲁·坎贝尔特别感谢合作者乔和悉尼，感谢他们接受艰巨任务的挑战，忍受反复校订的繁杂，承受不断催稿的压力。如果没有他们敢于反复尝试的精神，没有他们如期的交稿，没有他们对安德鲁某些建议的拒绝，本书的观点将不会如此雄辩有力。

悉尼·芬克斯坦，乔·怀特海，以及安德鲁·坎贝尔
汉诺威，新罕布什尔州，以及伦敦

出版后记

世上可有从未犯过错的圣人？

纵然是睿智且有责任感的大人物，掌握最为充分的信息，怀有极大的善意，可能保证自己的决策一定是正确的？

答案是否定的。历史上，因伟大人物的重大错判，致使社会蒙受巨大损失的例子不胜枚举；生活中，事前胸有成竹，事后追悔莫及的决定也是层出不穷。为什么我们不能免于犯错？是偶然，抑或是人性使然？

在本书中，三位国际知名决策管理权威教授联袂追根溯源，从人脑的决策机制谈起，重点讲述了决策过程中四大思维陷阱。人脑天生有缺陷，导致错误的决策防不胜防。成功的决策难以模仿，关键在于如何避免决策陷阱：若能找到病根，对症下药，则决策错误的概率会大幅降低。这本充满诚意且极富理性的力作，不会给你一定成功的承诺，但若能对书中提到的决策陷阱有所警觉，至少可以免去许多失败的挫折。

值得一提的是，本书在宝岛台湾风靡一时，政界、商界的高端领导者几乎是人手一本，我司有幸获得本书简体中文版权，期望也能让您收获满满。

关于决策管理，我司已经或即将出版的《做出好决定》《日常生活中的思维导图》《直觉》等重磅好书，也请您关注。

服务热线：133-6631-2326　　188-1142-1266

读者信箱：reader@hinabook.com

后浪出版公司
2016年5月

图书在版编目（CIP）数据

避开错误决策的4个陷阱 /(美)悉尼·芬克斯坦,(英)乔·怀特海,(英)安德鲁·坎贝尔著；景婧,郑赛芬译.— 南昌：江西人民出版社,2016.8
ISBN 978-7-210-08598-0

Ⅰ.①避… Ⅱ.①悉…②乔…③安…④景…⑤郑… Ⅲ.①决策思维学 Ⅳ.①C934

中国版本图书馆CIP数据核字(2016)第161706号

Original work copyright © 2008 Sydney Finkelstein, Jo Whitehead, and Andrew Campbell.
Published by arrangement with Harvard Business Review Press.
Simplified Chinese translation © 2016 by Ginkgo (Beijing) Book Co., Ltd.
All Rights Reserved.

版权登记号：14-2016-0170

避开错误决策的4个陷阱

作者：[美]悉尼·芬克斯坦　[英]乔·怀特海　[英]安德鲁·坎贝尔
译者：景婧　郑赛芬
责任编辑：胡滨　刘璐

出版发行：江西人民出版社　印刷：北京京都六环印刷厂
690毫米×960毫米 1/16　15.5印张　字数170千字
2016年8月第1版　2016年8月第1次印刷
ISBN 978-7-210-08598-0
定价：42.00元
赣版权登字-01-2016-409

后浪出版咨询(北京)有限责任公司　常年法律顾问：北京大成律师事务所
周天晖 copyright@hinabook.com

未经许可，不得以任何方式复制或抄袭本书部分或全部内容
版权所有，侵权必究

如有质量问题，请寄回印厂调换。联系电话：010-64010019